Hallo, Mev. Noag

Hoop en Liefde

Boek 2

Liezel Motto-Ros

Outeur: Liezel Motto-Ros
Voorbladontwerp: Liezel Motto-Ros
Teksverse: 1933 Bybel Vertaling
Geset in Franklin Gothic Book 12pt

Alle regte voorbehou
Kopiereg © Liezel Motto-Ros
ISBN 9798838973771
Eerste Uitgawe 2022

Uitgegee en gedruk deur
Malherbe Uitgewers

Hierdie boek dra ek op aan almal wat vir my lief en dierbaar is. Elke liewe persoon wat my en my bediening ondersteun, dankie dat julle dit vir my moontlik maak om te kan doen wat ek doen en waarvoor ek so lief is! Dankie dat julle saam my glo en saam met my droom.

My liewe vriendin Tilla Enslin – woorde ontbreek as dit kom by dankie sê! Dankie is so bitter klein woordjie, teen wat jy vir my doen en beteken. Dankie dat jy potensiaal in Mev. Noag sien en saam met haar begin droom het. Dankie dat niks ooit vir jou te groot of te klein is nie. Dankie dat jy elke storm en elke oorwinning trotseer en saam met my vier! Weet altyd ek waardeer jou uit my hart!

My liefste man Deon – eerste dank ek die Here dat Hy jou as my lewensmaat gekies het. Hy het verseker geweet ek gaan iemand soos jy in my lewe nodig hê. Iemand wat kwaai kan wees en die stange stywer trek as hierdie perd op galop gaan. So dankie dat jy my ondersteun al verstaan jy nie altyd waarmee ek besig is nie. Dankie dat jy my toelaat om te droom en te doen waarvoor ek geroep is. Dankie dat jy my grootste ondersteuner is! Dankie dat wanneer ek nie okay is nie, jou arms my veilige hawe is!

My kind Keegan - jy wat my so nederig hou. Dankie vir wie jy is, en dat jy my altyd help in dit wat vir jou minder lekker is. Dankie vir jou eerlikheid – geen pretensie geen beheer!
Ek lief jou uit my hart!

VOORWOORD

Genesis 8:10 Toe stuur hy die duif weer uit die ark.
11 En die duif het teen die aand na hom gekom, en daar
was 'n groen olyfblad in sy bek! Toe merk Noag dat die
waters oor die aarde verminder het!

Soms meer as wat ons moet, voer ons 'n innerlike stryd en dit voel of dit besig is om 'n verlore stryd te word! Ons gebedslewe is nie meer wat dit was nie, en ons sukkel om weer ons plek by God te vind! Ons geloof is besig om swaar te trek – en ons dink daaraan om op te gee.

Mev. Noag moes ook haar geloof opweeg teenoor haar uitdagings en vrese – sy moes haar vrese agterlaat en geloof kies om die ark wat totaal onbekend was in te gaan.

Sy het met 'n vreeslose geloof die Ark ingegaan en gekies om vas te hou aan dit wat sy het – HOOP.

HOOP BESKAAM NIE

Inhoudsopgawe

Belofte

Daar is 'n spreekwoord wat lui - *Belofte maak skuld* en die betekenis daarvan is dat mens 'n verantwoordelikheid het, om jou woord gestand te doen.

Soms is dit werklik baie moeilik. Ons lewe in 'n tyd waar ons woorde en opinies in 'n oogwink reg oor die wêreld gedeel kan word, met min of geen aanspreeklikheid.

Mattheus 5:37 Maar laat julle woord wees: Ja ja, nee nee. Wat meer as dit is, is uit die Bose.

Ons ken van leë beloftes. Ons ken van teleurstellings. Ons moes leer om nie elke belofte wat gemaak word, te glo nie! Dit gebeur oor en oor! Nou is dit klaar.
Mev. Noag

Ons antwoord en praat vinniger as wat ons dink en dit laat ons gewoonlik in 'n baie moeilike situasie, want *JOU WOORD IS MOS JOU EER* of tel dit nie meer in vandag se tyd nie. Ons maak beloftes aan mekaar en selfs voor God in die huwelik... tot dit tel nie meer nie!

Opnuut het Woorde en Beloftes hul krag en waarde verloor.

2 Korintiërs 1:20 Want hoeveel beloftes van God daar ook mag wees, in Hom is hulle ja en in Hom amen, tot heerlikheid van God deur ons.

Jy sien ons vergeet maklik dat ons rekenskap sal moet gee vir elke leë woord wat ons geuiter het.

Hoeveel beloftes het ons al gemaak waarby ons tot vandag
toe nooit uitgekom het nie.

Mense respekteer nie eers meer 'n mens se versoeke op 'n *RSVP* nie en selfs minute voor die tyd kanselleer hul of daag net nie op nie!

Hoe gou is ons om skrif aan te haal ... dat God se woord nie leeg sal terugkeer nie, maar ons lees nie verder...

Doen wat My behaag!

Wat moet ons doen om God te behaag –
- Wees getrou aan Hom.
- Wees getrou aan Sy woord.
- Wees getrou aan Jouself.

Jesaja 55:11 so sal My woord wees wat uit my mond uitgaan: dit sal nie leeg na My terugkeer nie, maar doen wat My behaag en voorspoedig wees in alles waartoe Ek dit stuur.

God se woord is Sy eer.
Hy is 'n waarmaker van Sy woord.
Sy woord is JA en AMEN.

2 Korintiërs 1:20 Want hoeveel beloftes van God daar ook mag wees, in Hom is hulle ja en in Hom amen, tot heerlikheid van God deur ons."

*Dit is belangrik dat ons leer om die woorde wat ons spreek, te beheer.
*Maak seker dat jy dit kan doen of daarby gaan uitkom wat jy belowe het.

*Moet nie uit skuldgevoel 'n belofte maak of ja sê omdat jy bang is wat mense van jou gaan dink nie.
*As jy nie by belofte reeds gemaak kan uitkom nie, wees eerlik en sê "jammer jy kan dit nie maak nie."
*Dis werklik okay om nee te sê.
*Goed gebeur ook buite ons beheer.
*Onthou God ken jou hart.

Laat ons ja ons ja wees en ons nee ons nee!
Onthou, miskien, is nie 'n antwoord nie!

Daar is groter honger in die wêreld na liefde en waardering (dankbaarheid) as na brood. (*Moeder Teresa*)

Dankbaarheid plaas alles wat ons het in die regte perspektief.

Psalm 118:24 Dit is die dag wat die HERE gemaak het; laat ons daaroor juig en bly wees.

Ek is opreg dankbaar teenoor die Here vir my man Noag! Ook dat Hy Noag gekies het om die Ark te bou... want as dit nie was, weet ek nie waar ons sou gewees het nie! Seker verdrink - dood soos al die ander!
Dankbaarheid oorspoel my hart!
Mev. Noag

Psalm 103:2 Ek wil die Here loof en nie een van Sy weldade vergeet nie.

Vanoggend stap my Maggie hier in ... na 2 maande van lockdown in haar kleinhuisie met 5 kinders! Ek weet nie wie die meeste dankbaar is nie, EK of SY. Dink ons albei, want ons dankbaarheid spruit uit verskillende behoeftes!

Ek is só dankbaar dat ek weer die *bietjie normaal* wat ek voor die lockdown geken het vandag weer kan geniet! Om stiltetyd te kan hou soos wat dit was. Tussen die wasgoed, mop, stofsuig, opruim en kos was my stiltetyd beperk! Dit was nie meer soos waaraan ek gewoond was nie!
Gebede was korter - tyd was beperk!

Gelukkig het my gesprekke met die Here nooit gestop nie, voor die wasmasjien, mop in die hand, voor die stoof kon ek nog steeds met die Here praat! Frustrasies en onsekerheid het tog ook nie minder geword nie. Ons veg om oorlewing. Die lewe is nie maklik nie en jy moet baklei vir jou plekkie in die son. Dis 'n stryd om kop bo water te hou.

Ons bou mure om seerkry en teleurstelling van ons af te weer. Om pyn te verhinder, bou ons skans mure. As die wêreld begin houe uitdeel dan bou ons die mure in ons hart hoër en hoër.

Hebreërs 12:28 Laat ons wat 'n onwankelbare koninkryk ontvang het, dan nou dankbaar wees. Laat ons God dankbaar dien met eerbied en ontsag, soos Hy dit wil ...

Ek voel die houe en ek ervaar die seer. Maar ek kan dit vat. Ek kan weer opstaan.

Dankbaarheid kom en vorm 'n keerwal om ons harte. Dis nie 'n muur wat liefde en hoop en vreugde buite hou nie, en dit hou nie ander mense op 'n afstand nie. Dis bloot 'n versterking wat ons help om die lekker en die mooi van die lewe met oorgawe te kan beleef.

Op dié manier kan ons steeds ander innooi, en steeds liefde uitdeel. Die seerkry, teleurstelling en pyn wat die lewe uitdeel, gaan nie nou by ons verby nie, maar ons hanteer dit anders: kop omhoog, moedig, geduldig en dankbaar. Dankbaarheid is 'n *ander* manier om te baklei, al beleef ons die aanslae: moedeloosheid, ongeregtigheid, haat, hartseer en ongeloof. Ons veg teen ons eie sondige natuur, selfsug en liefdeloosheid.

Dit is 'n voortdurende geveg; ons bly aan die baklei –
soms vol ywer, en ander kere met slap arms en lam
knieë en dit maak ons moeg.

Dankbare mense, beleef oor die algemeen baie
positiewe emosies.

*Psalm 36:9 Hulle verkwik hul aan die vettigheid van U
huis, en U laat hulle drink uit die stroom van U genietinge.*

Dankbare mense aanbid heelhartig.
Dankbaarheid open ons harte vir God se vrede en
liefde.
Dankbaarheid vier God se goedheid aan jou!

*1 Tessalonisense 5:18 Wees in alle omstandighede
dankbaar, want dit is wat God in Christus Jesus van julle
verwag.*

Wanneer jy werklik dankbaar is en besef dat alles wat
jy het van God afkomstig is, is jy tog geneig om ook
makliker te gee. As ons leef vanuit God se genade, is
ons ook meer geneig om genadig teenoor ander te
wees; om ander te vergewe en daadwerklik te help
waar daar behoefte is. Dit wat ons dan gee, is ware
dankoffers. Ons het so baie om voor dankbaar te
wees...

*Filippense 4:4 Wees altyd bly in die Here! Ek herhaal: Wees
bly!*

Een geheim van 'n gelukkige lewe is dankbaarheid. As
ons dit kan regkry om met dankbaarheid te leef
verander dit die wêreld vir ons. Begin ons verby die
dinge kyk wat die lewe vir ons moeilik maak en sien
ons die seën wat ons het raak.

Dankbaarheid word 'n realiteit in ons lewe as ons besef dat alles wat ons het, is 'n geskenk van God.
Om ons dankbaarheid lewendig te hou moet ons, onsself voortdurend herinner aan alles wat ons voor dankbaar kan wees.

Dankbaarheid inspireer my om my geloof uit te leef, om saam met ander God te loof en te dank vir Sy genade. Om lief te wees vir God se kinders, iets van die baie wat ek ontvang terug te gee en elke dag met vreugde te leef!

Filippense 4:6 Moet oor niks besorg wees nie, maar maak in alles julle begeertes deur gebed en smeking en met danksegging aan God bekend.

Dankbaarheid is egter nie net 'n emosie nie, maar gaan altyd oor tot aksie. Ons onderskat die krag wat in 'n glimlag lê, 'n vriendelike woord, 'n oor wat luister, 'n opregte kompliment of die kleinste daad wat wys jy gee om – elkeen hiervan het die potensiaal om 'n lewe te verander.

Hulle sê mense sal vergeet wat jy gesê het en hulle sal selfs vergeet wat jy gedoen het, maar hulle sal nooit vergeet hoe jy hulle laat voel het nie.

Kolossense 4:2 Volhard in die gebed! Wees daarby waaksaam en dankbaar...

Dankbaarheid verander wat ons het...
- genoeg na meer,
- ontkenning na aanvaarding,
- chaos na orde,
- verwarring na duidelikheid,
- 'n huis na 'n tuiste,
- 'n maaltyd na 'n feesmaal,

- 'n vreemdeling na 'n vriend.

Iets om elke dag oor na te dink...

Sonder dankbaarheid kan enige paradys in hel verander.
Sonder dankbaarheid sal jy nog steeds honger van die tafel opstaan, geen klere hê om aan te trek, geen plek hê om in te bly nie! Niks is meer genoeg nie!

Dankbaarheid ontknoop die volheid van die lewe!

Om opreg dankbaar te wees is, om terug te draai en dankie te sê!

> *In die diepte van ons hartseer het ons nog altyd geweet dat ons lewe 'n geskenk van God was. Alhoewel ons alles verloor het, is ons dankbaar. Tevrede en opreg dankbaar.*
> *Opregte - Dankbare harte.*
> *Mev. Noag*

Baie dankie kom nie altyd natuurlik vir baie van ons nie. Dankbaarheid is nie die natuurlike ingesteldheid van die massas nie, want die lewe is duidelik nie 'n *walk in the park* nie. Die lewe met sy eindelose beproewings is geneig om dankbaarheid uit ons harte uit te suig en dit met ondankbaarheid te vervang.

Gelukkig het ons die Woord van God om ons te help om hierdie hartsaak op te los. 'n Dankbare hart is tevrede, dankbaar en waarderend vir wie God is en die lewe wat Hy ons gegee het ondanks die storms van die lewe. Dit is 'n keuse om 'n dankbare hart te kweek en dit is ons doelbewuste poging om dankbaarheid te bereik.

Die Woord van God moedig ons aan om dankbaar te wees in alle seisoene van ons lewens, aangesien dit 'n ewigheidswaarde het. Die impak van dankbare harte oortref ons verbeelding en dit oorwin die wêreld waarin ons leef.

Danksegging is 'n vorm van aanbidding.

Psalm 50:23 Die mens wat My eer, is die een wat lof as 'n offer bring. Hy wat reg lewe, vir hom sal Ek red.

Wanneer God Sy regmatige plek in ons lewens het, begin ons dit waardeer wat Hy waardeer. Wat vir Hom belangrik is, begin ook vir ons saak maak. Dankbaarheid is vir God belangrik. Dankbaarheid bring ons nader aan God.

Onthou die storie van die tien melaatses wat Jesus op pad na Jerusalem genees het. Al tien van hulle het genees, maar net een uit die tien het teruggedraai na Jesus om dankie te sê!

God het Sy geliefde Seun vir ons verlossing deur Sy bloed prysgegee. Daarom verdien Hy al die danksegging wat ons Hom in ons leeftyd kan gee.

Is ons soos die nege melaatses wat na hul genesing net aanbeweeg of soos die een om met 'n opregte dankbare hart om te draai en ons dank te betuig.
Is ons soos daardie een melaatse wat Sy verlosser meer waardeer as sy beantwoorde gebed?

'n Dankbare hart sal God altyd aanbid. Danksegging het die gaping tussen die melaatse en Jesus oorbrug en hom nader aan sy Verlosser gebring.

Nabyheid skep intimiteit. Jesus self het altyd die Vader bedank voordat Hy selfs gereageer het op Sy gebede. Hallelujah - Danksegging bring vermeerdering.

Johannes 6:11-13 Toe neem Jesus die brode, dank God en versprei dit aan die mense. Daarna het Hy dieselfde met die vis gedoen. En hulle het almal geëet soveel as wat hulle wou. Nadat almal vol was, sê Jesus vir Sy dissipels: Versamel nou die oorskot, sodat niks vermors word nie. So, hulle het die stukke opgetel en twaalf mandjies gevul

*met stukkies wat deur die mense wat uit die vyf garsbrode
geëet het, oorbly.*

Danksegging is vir ons lewens, soos gis in brooddeeg.
Gis transformeer die GROOTTE en die VOLUME van
die brooddeeg deur gisting. Danksegging
transformeer ook die toestand van ons lewe en
vermeerder die dinge wat alreeds in ons hande
geplaas is. Jesus bedank God vir wat in Sy hande was.
Sy dankbaarheid vir die vyf brode en die twee visse
was die aktiewe bestanddeel wat die
vermenigvuldiging veroorsaak het wat Hy ervaar het.

Danksegging stel ons in staat om 'n toename in die
fisiese, maar ook die emosionele en geestelike
aspekte van ons lewens te ervaar. Daar is 'n spesiale
soort oorloop wat ons ervaar om 'n dankbare hart te
hê.

Danksegging is 'n kragtige wapen teen die vyand.
Onvoorwaardelike danksegging is 'n wapen van
verwarring teen die vyand, maar 'n manier van
oorwinning vir ons.

Ware danksegging is nie afhanklik van wat God vir
ons kan doen nie. Ons danksegging moet gemotiveer
word deur die waardigheid van God en nie die rykdom
van God nie.
Danksegging is 'n kragtige wapen teen die vyand. 'n
Dankbare hart is ondanks omstandighede dankbaar.

Onvoorwaardelike danksegging is 'n wapen van
verwarring teen die vyand, maar 'n manier van
oorwinning vir ons.

God beantwoord vir seker gebed ... soms is Hy stil of praat baie sag!

Ons almal soek antwoorde en soek God, maar besef daar is net 'n stilte. Hierdie stilte kan moeilik, selfs frustrerend wees. Ons bid, maar ons gebed word nie beantwoord nie. Ons luister, maar God se stem is stil. Dan begin ons wonder waar God is - of selfs as Hy nog daar is en ons gebede hoor.

> *Die stilte was baie erg. Ons het gesukkel om God se stem te hoor. Maar het besef dat ons moet stil word met ons eie gedagtes om te kan hoor.*
> *Mev. Noag*

Die tye waar God stil is, is moeilik om deur te gaan, maar dit het wel 'n doel, al kan ons dit nie sien of verstaan nie.

As ons deur die stilte aan ons geloof vashou, sal ons God vind, selfs as ons nie Sy stem kan hoor nie. Om vas te hou aan ons geloof - is om te bly glo dat God nog steeds daar is. Onthou God het belowe om altyd by ons te wees. Wees verseker dat Hy daar is, selfs as ons dit nie kan voel nie. Vertrou Hom om getrou aan Sy beloftes te wees. Weet dat die stilte van God nie beteken dat Hy ons verlaat het nie.

Deuteronomium 31:6 wees sterk en waagmoedig. Moenie bang wees vir hulle nie, want Hy is die Here jou God wat saam met jou gaan. Hy sal jou nie verlaat...

Luister na 'n sagte stem in plaas van 'n harde, dramatiese stem. God kies meestal om op sagte maniere te praat.

Beweeg nader aan God in verhouding met Hom, sodat ons Hom kan hoor as Hy ook saggies met ons praat. Laat die tye wanneer God stil is, ons geloof en afhanklikheid van Hom verhoog.

Vertrou meer... Nie minder nie. Tye van stilte kan gevul word met vrees, daarom verg stilte meer geloof. Daar kom vir seker tye in ons geestelike lewe wanneer ons entoesiasme en geesdrif nie so werklik is soos toe ons met God begin wandel het nie. Dit beteken nie ons moet nou ophou nie ...

In die stil tye weet dat God die tyd gebruik vir iets groter as wat ons kan dink ... maar wat ook al volgende is, sal waarskynlik 'n dieper vlak van vertroue benodig.

Spreuke 3: 5 Vertrou op die Here met u hele hart en steun nie op u eie begrip nie.

Skakel die geraas uit wat God se stem verdrink. Wees bewus van die *geraas* in ons lewe wat ons aandag van God af weglei. As ons bewus word dat ons God nie kan hoor nie, omdat ons besig was met *iets* wat ons verhouding met Hom belemmer, moet ons bely.

Wanneer die stilte van God daarop dui dat ons moet wag op Sy tydsberekening vir iets, bid dan vir geduld en die krag om vas te hou. Besef dat die stilte van God 'n natuurlike pouse kan wees omdat Hy net die beste vir ons ingedagte het.

Laat die stilte ons vandag en elke dag motiveer om meer na Hom te soek en meer van Hom afhanklik te wees. Kies om Hom te vertrou terwyl Hy agter die skerms werk.

Onthou dat Sy tydsberekening en metodes anders is as wat ons sou verkies, maar Hy weet altyd die beste. Weet dat God van Sy belangrikste geestelike werk in ons doen gedurende die tye wat Hy stil is.

Wees Stil!

Hierdie oes is die beste ooit!

Snobisme is 'n vreeslike ding. Rykes wat neerkyk op armes, gesondes op siekes, heiliges op sondaars... die sogenaamde sterkes op die sogenaamde swakkes... waar gaan dit stop?

1 Petrus 5:5 God weerstaan die hoogmoediges, maar die nederiges gee Hy genade.

Hoogmoed – ja hoogmoed dit is waar alles begin. Nog elke jaar het ons 'n goeie oes gehad. Ons het werklik God se hand in elke oes gesien. Maar kort voor lank, was dit 'n kompetisie, groter grond, meer saad en harder werk. Alles om net 'n beter oes as Noag te kon hê. Hoe groter die grond geword het hoe minder het ons vriende geword.
Noag het op sy klein lappie grond bly plant en oes.
- Mev. Noag

Spreuke 8:13 Hoogmoed en hoogmoedigheid haat Ek.

Hoogmoed groei soos kakiebos, as ons dit nie gou genoeg identifiseer en iets daarmee doen nie, dan maak dit alles wat mooi en goed is dood.

Mattheus 23:12 Wie homself verhoog, sal verneder word,

Hoogmoed benadeel ons verhoudings en vriendskappe.

1 Petrus 5:5 God weerstaan die hoogmoediges,

Van al die negatiewe dinge wat die lewe vir 'n mens moeilik maak, staan hoogmoed soos 'n paal bo water! Dit maak mens lam.

Hoogmoedige mens het 'n obsessie om altyd beter te wees en meer te hê as ander. Hul moet altyd die meeste gerespekteer en die hoogste aangeprys word, altyd die middelpunt van belangstelling!

Obed 1:3 Die vermetelheid van jou hart het jou bedrieg,

Alles is beter, groter en duurder! Eintlik maak ons net die lewe vir onsself ondraaglik moeilik. Hoogmoed plaas mense in opposisie teenoor mekaar. Hulle plaas hulself bo ander en volg hul eie wil.

Jakobus 2:13 Julle is verhewe in die hoogmoed van julle harte.

Dit word naderhand soos werk... nooit kan ons onsself wees nie. Selfs in gebed moet ons mooi woorde bymekaar sit om net uit te staan!

Spreuke 16:5 Elke hoogmoedige van hart is vir die Here 'n gruwel; sekerlik, hy sal nie ongestraf bly nie.

Tog loop die hoogmoedige gedurig die risiko om iewers verneder te word.

Jesaja 2:11-12 Die dag van die Here sal oor die hoogmoediges wees.

Hoogmoed is dus nie iets nuuts nie, dis hoogmoed wat die satan tot 'n val gebring het.

Hoogmoed kom tot 'n val!

Lief, liefde, lief hê, lief vir jou!

Woorde wat ons so maklik gebruik... maar wat ons nie altyd die diepe betekenis daarvan verstaan nie! Soms verloor die woord liefde sy krag en word soos sout wat sy smaak verloor het - waardeloos!

Die Ark is 'n bewys nie net van genade nie, maar ook van God se onvoorwaardelike liefde vir hul. Ons gebruik die woord *liefde* vrylik om te kan beskryf waarvan ons *hou*. Ongelukkig leer die lewe ons dat dit alles waarvan ons *hou* verganklik is.

Ons motors kan breek, roomys smelt en die mense wat ons lief het sterf, of stel ons teleur! Maar God het 'n ander liefde, 'n goddelike - onvoorwaardelike liefde! Liefde wat nie kan opraak, weggaan of verlore raak nie.

'n Liefde wat nie sy waarde kan verloor nie! Liefde met ewigheidswaarde! Hierdie is 'n Liefde wat ons as mens, nie die vermoë het om werklik die volle begrip en omvang daarvan kan en sal verstaan nie.

Maar God is ewig trou, ewig regverdig en ewig standvastig. Elke belofte in Sy Woord is vir elkeen wat Hom lief het en eer. Sy genesende hand raak aan en genees, is altyd daar om te troos en help wanneer ons Hom nodig het.

Maleagi 1:2 Ek het julle lief, sê die Here.
Nou of jy dit wil glo of nie - God is altyd bewus van jou
en Hy het jou oneindig lief. Hy is net 'n gesprek ver.
Maak Hom jou vriend. Word oorbewus van Sy liefde
en nabyheid.

Moet nooit ooit daaraan twyfel dat daar wel iemand is
wat jou lief het nie. Al versaak alle mens jou, Hy sal
jou nooit aan jou genade oorlaat nie.
Blye versekering!!

God het ons lief met 'n Versoenende liefde
Johannes 3:16 God het die wêreld so liefgehad dat Hy Sy
enigste Seun gegee het, sodat dié wat in Hom glo, nie
verlore sal gaan nie maar die ewige lewe sal hê.

God het ons lief met 'n Roepende liefde
1 Petrus 2:9 Julle, daarenteen, is 'n uitverkore volk, 'n
koninklike priesterdom, 'n nasie wat vir God afgesonder is,
die eiendomsvolk van God, die volk wat die
verlossingsdade moet verkondig van Hom wat julle uit die
duisternis geroep het na Sy wonderbare lig.

God het ons lief met 'n Verlossende liefde
Romeine 8:3 Hy het met die sonde afgereken deur Sy eie
Seun in dieselfde gestalte as die sondige mens te stuur;
so het Hy die sonde in die sondige bestaan van die mens
veroordeel.

God het ons lief met 'n Regverdige liefde
Romeine 3:23-24 Almal het gesondig, en het nie deel aan
die heerlikheid van God nie, 24 maar hulle word, sonder
dat hulle dit verdien, op grond van Sy genade vrygespreek
vanweë die verlossing deur Jesus Christus.

God het ons lief met 'n Aannemende liefde
Romeine 8:15 Die Gees wat aan julle gegee is, maak julle
nie tot slawe nie en laat julle nie weer in vrees lewe nie;

nee, julle het die Gees ontvang wat julle tot kinders van God maak en wat ons tot God laat roep: "Abba!" Dit beteken Vader.

God het ons lief met 'n Heiligmakende liefde
Hebreërs 10:10 Omdat God dit so wou, is ons vir Hom afgesonder deurdat Jesus Christus Sy liggaam as offer gebring het, eens en vir altyd.

God het ons lief met 'n Verheerlikte liefde.
1 Johannes 3:1 Kyk watter groot liefde die Vader aan ons bewys het: Hy noem ons kinders van God, en ons is dit ook. En die wêreld ken ons nie, omdat dit Hom nie ken nie.

Al voel dit soms of niemand anders omgee, of ons hoor nie meer ek het jou lief, moet ons nooit vergeet dat God ons almal onvoorwaardelik innig lief het.

Almal wat lief het, is uit God gebore en ken God. Wie nie lief het nie, ken God nie, want God is liefde. Dit is hoe God Sy liefde onder ons getoon het: Hy het Sy enigste Seun die wêreld ingestuur om deur Hom te lewe.

1 Korintiërs 13:4-8 Die liefde is geduldig, die liefde is vriendelik; dit is nie afgunstig nie, is nie grootpraterig nie, is nie verwaand nie. Dit handel nie onwelvoeglik nie, soek nie sy eie belang nie, is nie liggeraak nie, hou nie boek van die kwaad nie. Dit verbly hom nie oor onreg nie, maar verheug hom oor die waarheid. Dit bedek alles, glo alles, hoop alles, verdra alles. Die liefde vergaan nooit nie, maar die gawe van profesie sal verdwyn, die gawe om ongewone tale en klanke te gebruik, sal ophou, en dié van kennis sal uitgedien raak.

Hê lief!

God is liefde juig ons harte!

LIEFDE IS DIE WARE TOETS - VAN WARE GELOOF!

Liefde is een van die mees kragtigste emosies wat ons as mens kan ervaar. Ons soek liefde uit die oomblik van bestaan. Liefde is nie bloot 'n kenmerk van God nie, maar Sy wese (wie Hy is). Hy gee nie net lief nie, Hy is liefde!!!

God alleen is lief vir die volledigheid en volmaaktheid van liefde.

AGAPE... liefde definieer God se onmeetbare en onvergelykbare liefde vir die mensdom. Dit is die goddelike liefde wat van God kom. Agape liefde is volmaak, onvoorwaardelik, opoffering en suiwer. Jesus Christus het hierdie soort goddelike liefde aan Sy Vader en aan die liefde van Sy dissipels getoon.
Die grootste gebod!

Markus 12:28-30 Wat is die heel grootste gebod? Jesus antwoord hom: "Die eerste is: 'Luister, Israel, die Here ons God is die enigste Here.'"

Deuteronomium 6:4,5 Luister, Israel, die Here is ons God, Hy is die enigste Here. 5 Daarom moet jy die Here jou God liefhê met hart en siel, met al jou krag.

Wanneer jy liefde van God vind, vind jy suiwer, onvoorwaardelike, onselfsugtige, onverwoesbare, ewige liefde!

Self liefde is nie 'n miskien nie, dis 'n moet, 'n opdrag van God!

Om vir jouself lief te wees, beteken nie jy is selfgesentreerd, selfsugtig of arrogant nie. Dit beteken net jy onderwerp jou aan God se gebooie (opdrag)!

Matteus 22:39 En die tweede, wat hiermee gelyk staan, is: Jy moet jou naaste liefhê SOOS JOUSELF.

Ek kon nooit komplimente vat nie, maar was gou om uit te deel. Ander se opinie het altyd saak gemaak. Sleg was die dag toe ek besef, maar nie almal hou van my nie... al ken van hulle my nie eers nie! Dit het my laat stil word, laat besin oor 'wie is ek eintlik'? Ek moes besluit wat is die waarheid – 'is ek wie God sê ek is, of is ek wie die wêreld glo ek is.'
Mev. Noag

Selfliefde bou en stig ons, dit bring genesing en is bevrydend!
Selfliefde bring vryheid - Vry van twyfel, selfhaat en hoë eise wat ons aan onsself stel.
Selfliefde is om onsself nie meer te beperk en weg te hou van wat ons verdien nie.
Selfliefde is om te groei en die lewe te geniet!
Selfliefde is 'n keuse, toewyding dat ons, onsself sal lief hê ten spyte van al die sosiale en biologiese uitdagings op ons pad!

Kies vandag - Om jouself lief te hê, dit word nie aan jou gegee nie!

Aanvaar wie jy is - Jy hoef nie iemand anders te wees om waardevol te wees of om goed genoeg te wees nie. Mense mag dalk nie van jou hou nie, en dit is okay, want die punt van selfliefde is, dat dit nie saak maak wat ander dink of sê van jou nie.
Wat saak maak is JY!

Raak ontslae van die idee van perfeksie. Jy gaan nooit perfek wees nie, niemand van ons gaan nie, moet nie dat dit jou stop om vir jouself lief te wees nie. Selfliefde blom in 'n ingesteldheid van oorvloed, wat beteken dat ons alles moet sien wat ons het en dankbaar daarvoor moet wees.
Selfliefde sukkel en sterf in "ek is nooit goed genoeg nie."

Identifiseer die verskil tussen waarheid en opinie! Selfliefde begin deur die manier waarop jy aan jouself dink en hoe jy verander. As jy jouself verwerp, is dit omdat iemand of iets op 'n sekere tydstip iets gesê of gedoen het (bewustelik of onbewustelik) wat jou nie goed genoeg laat voel het nie. Dit kon dalk 'n opmerking gewees het. Dit het dit dalk vir jou die moeite werd gemaak om jouself te bevraagteken, en jy het hierdie kennis gebruik om jouself te haat.

Jy moet besef, dat hierdie gedagtes nie feite is nie. Dit is slegs ons eie opinies van onsself, maar ons beskou hierdie opinies as feite. As ons vir onsself sê dat ons nie iets kan doen nie, kan ons dit nie doen nie. Leuens wat ons bly glo!

Hoe meer ons spreek *ek kan nie*, of *dit is nie vir my bedoel nie*, maak ons twee dinge dood.
Hoop - jy het besluit dat jy nie kan nie, so daar is geen rede om te probeer nie.

Groei - ons maak die geleentheid af om te probeer, misluk en te groei.

As ons dit bly glo stap ons as 'n verloorder uit.
Selfliefde is om jouself te ken en te aanvaar! Jy moet jou sterkpunte, sowel as jou swakpunte erken en bereid wees om daaraan te werk. Onthou dat selfliefde is 'n eindelose journey! As ons deur die lewe stap, groei ons, leer ons en verander ons. Ons word totaal vernuwe! Die lekkerste is... wie jy nou is, is nie wie jy tien jaar terug, self 'n maand terug was nie! Om jouself lief te hê is om vir jou eie gees, siel en liggaam om te gee en te versorg!

When the sharpest words wanna cut me down
I am gonna send a flood, gonna drown 'em out
I am brave, I am bruised
I am who I am meant to be, this is me
Look out 'cause here I come
And I am marching on to the beat I drum
I am not scared to be seen
I make no apologies, THIS IS ME!!! (Show man)

Wees jouself, al die ander is al gevat (Oscar Wilde)

Here, U vra werklik die onmoontlike van ons!

Levitikus 19:18 ... jy moet jou naaste liefhê soos jouself.

Noag het my gereeld hieraan herinner, as ons onder die tonge van ander moes deurloop. Die alewige gespot en geskinder het gemaak dat ek soms... en dan herinner Noag my. "My vrou, jy moet jou naaste lief hê soos jouself," en net daar het ek gewens ek het nie myself lief gehad nie!
Mev. Noag

Dit is dalk makliker vir ons om ander mense se vyande lief te hê, maar ons eie!!! Dit is so bietjie anders!
Here, U vra te veel van ons...!

Hierdie is seker die moeilikste gebod, dink dit is hier waar ons almal maar struikel en val! Die eerste stap om ons vyand lief te hê, is om hulle te vergewe! Vergifnis gebeur spontaan uit liefde!

Jesus vra ons in Mattheus 5 die volgende.
Seën dié wat vir julle vervloek...
Doen goed aan die wat vir julle haat...
Bid vir die wat julle beledig en vervolg...

Niks hiervan is maklik nie, veral as jy nie liefde verstaan en liefde in jou hart het nie.

Agape liefde!
God is liefde. God se liefde is onverdiend, absolute genade. Dit is wat Hy van ons vra - om selfs daar lief te hê waar mense dit nie verdien nie. Ouch!

Romeine 13:8-10 Wees aan niemand iets skuldig nie, behalwe om mekaar lief te hê; want hy wat 'n ander lief het, het die wet vervul. Jy moet jou naaste liefhê soos jouself. Die liefde doen die naaste geen kwaad nie; daarom is die liefde die vervulling van die wet. Die gebod van liefde tot ons naaste is die tweede gebod wat gelyk staan met die gebod van liefde tot God. Al is dit hoe moeilik – ons vyande is deel van die mense, die naaste, teenoor wie ons die liefdesgebod moet uitleef. (Sad but true!)

Die Here se wil vir elke mens se lewe is Liefde. Liefde wat begin by God, wat uitvloei na jou naaste, wat ook jou lewe bou en stig. Ons moet die mense wat ons kwaad aandoen, met Liefdesdade beantwoord, want dit maak hulle vuurrooi van skaamte. (Spreuke 25:22, Rom 12:20)

Romeine 12: 20 As jou vyand honger is, gee hom iets om te eet as hy dors is, gee hom iets om te drink; want deur dit te doen, maak jy hom vuurrooi van skaamte.
21 Moet jou nie deur die kwaad laat oorwin nie, maar oorwin die kwaad deur die goeie.

Spreuke 25:22 Die Here sal jou daarvoor vergoed, en jy sal jou vyand vuurrooi van skaamte laat word.

Do not fight fire with fire - jy gaan jou vingers verbrand!

Om ons vyand lief te hê en vir hulle te bid, is dié grootste daad van geloof. Ons gee hulle oor aan God!

Mattheus 7:12 Alles wat julle wil hê dat die mense aan julle moet doen, moet julle ook aan hulle doen. Dit is tog waarop dit neerkom in die wet en die profete.

Hoe leef ons teenoor dié mense wat ons as vyande beskou?

Kolossense 4: 2 Volhard in die gebed! Wees daarby waaksaam en dankbaar.

Getuig ons lewens teenoor alle mense dat ons kinders van God is?

Wanneer laas het ons gebid vir ons vyande – selfs vir daardie persoon wat ons die minste van hou!
Vergewe en spreek vry!

Lukas 6: 27-31 Kom Ek sê nou vir julle hoe Ek wil hê julle moet leef. Julle moet julle vyande liefhê. Wees goed vir almal wat julle haat. Moenie hulle sleg behandel nie. Spreek die Here se seën uit oor elkeen wat julle vloek. Moenie iets lelik terugsê nie. Bid vir almal wat julle beledig. As iemand iets van jou wil hê, gee dit. Wanneer iemand iets van jou gevat het, moenie dit later gaan terugvra nie. As daar een reël is waarvolgens julle moet lewe, is dit die volgende: vra julle af hoe julle wil hê ander mense teenoor julle moet optree. Spring hulle dan voor: gaan tree eerste so teenoor hulle op.

Begin sommer vandag - net deur om vir jou naaste wat dalk jou vyand geword het te bid.

Moet nie ophou bid, tot jy liefde vir daai persoon ervaar nie!

Romeine 12: 21 Moet jou nie deur die kwaad laat oorwin nie, maar oorwin die kwaad deur die goeie. LIEFDE.

Wees lief...

Twee vir twee stap die diere in.

Prediker 4:9-12 Twee vaar beter as een. Hulle inspanning kom tot iets. As die een val, kan die ander hom ophelp. Maar as een val wat alleen is, is daar niemand om hom op te help nie. As twee langs mekaar slaap, word hulle warm, maar hoe sal een wat alleen is, warm word? Een alleen kan oorweldig word, twee saam kan weerstand bied. 'n Driedubbele tou breek nie maklik nie.

> *Ek en Noag het nog altyd die liefdesverbond van God verstaan. Sy 'Agape' liefde vir ons as mens. Maar dit wat Hy tussen man en vrou ingestel het is 'n anderste liefde. 'n 'Eros' liefde, intieme, onvoorwaardelike liefde!! 'n Huwelik 'n geskenk om voort te bou op God se liefde! Ek eer die Here vir ons huwelik!*
> *Mev. Noag*

Genesis 2:18 het die Here hierdie eensaamheid aangespreek: Dit is nie goed dat die mens alleen is nie. Ek sal vir hom iemand maak wat hom kan help ... 'n maat wat by hom pas ... En toe maak die Here vir Eva, vir Adam 'n lewensmaat.

'n Huwelik is 'n liefdesverbond wat God tussen man en vrou ingestel het om op die fondasie van Sy liefde (Agape liefde) voort te bou. 'n Geskenk!

'n Huwelik is meer as net seks. 'n Huwelik is ware opregte kameraadskap. 'n Plek waar ons veilig voel, waar ons mekaar respekteer, vertrou en lief het! Waar ons mekaar ophelp en aanmoedig, waar ons mekaar troos, bou en stig. Waar ons kan saam lag en saam huil.

Prediker4:9 Twee vaar beter as een!

'n Huwelik is 'n spansport - waar albei partye aan deelneem. Daar is nie plek vir toeskouers nie!
*Saamwerk en eenheid is baie belangrik.
*'n Huwelik is nie kompetisie nie.
*As die een moeg raak, moedig die ander een hom aan.
*In 'n huwelik is daar nie plek vir groot praat en konflik nie.
*Elke een maak saak, daarom is ons 'n span.
*In 'n huwelik is daar nie plek vir afguns en jaloesie nie.
*Ons deel applous en komplimente uit.
*In 'n huwelik is daar nie plek vir misverstande en onnodige konflik nie.
*Ons bid saam en kommunikeer.
*In 'n huwelik is daar nie plek vir tweestryd nie
*Daar is eenheid en het ons eie *span kreet.*
Daar is nie 'n wenner in die huwelik nie!

Die heel belangrikste van 'n huwelik is dat huweliksmaats EERSTENS naby die Here lewe, en ook baie naby aan mekaar.
• Sou ons val, dalk deur die sonde, kan ons mekaar ophelp en weer rigting gee.
• Ook sal ons warm slaap ... (volgens 1 Kor. 7:5 ook 'n onontbeerlike hulp).
• Alleen kan ons deur sonde oorweldig word, maar saam word beter weerstand gebied teen dit.

Die Bybel herinner ons keer op keer aan God se liefde:

Jeremia 31:3 Ek het jou lief met 'n liefde wat nooit ophou nie.

Ons heel eerste stap in die rigting van 'n gelukkige huwelik is dus om ons hart oop te maak sodat God Sy onbeperkte liefde daarin kan uitstort. Om God te ken en te erken in ons huwelik. Ons huweliksmaat gaan en kan nooit jou eerste en ware liefde wees nie. Dít is God se voorreg.

Ek kyk nou die dag na 'n video van 'n klein kleurling dogtertjie, wat advies gee vir huwelike.

Sy sê die volgende: "Jy wat op jou man se kop sit, klim af! Want hoe meer en langer jy op jou man se kop sit, maak jy plek vir 'n ander vrou om op jou man se skoot te sit."
So klim van sy kop af en klim op sy skoot!

Meer waarheid as hierdie gaan jy nie kry nie. -

Om jou heel beste te gee vir jou huwelik, dra by tot 'n suksesvolle huwelik.

Afwesigheid

Hoeveel keer het ons al huis-huis gespeel. Dit is uitputtend en 'n ondankbare werk.

Terwyl Noag en sy gesin in *lockdown* was vir 40 dae en 40 nagte in die Ark, het hul aangegaan met hul daaglikse take, alhoewel dit nou vir hulle baie anderste gewerk het!

1 Petrus 2:2 Soos 'n hert wat smag na waterstrome, so smag my siel na U, o God!

Vir Mev. Noag was die uitdagings veel groter...ewe skielik is sy nie net 'n Vrou vir Noag, 'n Ma vir haar kinders nie... sy was ewe skielik ook 'n *Zookeeper.*

Take waarvoor sy nie haar hand opgesteek het nie, is sommer by haar *day to day - to do list* gevoeg! Ek glo dat Mev. Noag in die aande kapoet was (soos ons). Dat sy meer as eenkeer in 'n hoekie wou sit en huil, haarself jammer kry (soos ons) dat sy die kinders en diere by die Ark wou uitgooi (soos ons) die mop en besem wou breek (soos ons).

> *Ek verlang na vars vrugte by die mark en 'n vinnige koffie saam my vriendinne.*
> *Besig, frustrerend, kwaad, moedeloos.*
> *Ons is so besig met al hierdie verpligtinge en verantwoordelikhede dat ons, ons geestelike huise afgeskeep of dalk agterweë gelaat het!*
> *Mev. Noag*

1 Timoteus 4:1-16 8 Om jou liggaam te oefen, het wel 'n bietjie waarde, maar om in toewyding aan God te lewe, het in alle opsigte groot waarde, want dit bevat 'n belofte van lewe, vir nou en die toekoms.

13 Totdat ek kom, moet jy jou daarop toelê om uit die Skrif voor te lees, te preek en onderrig te gee.

14 Moenie die genadegawe wat jy het, verwaarloos nie. Dit is aan jou gegee deur die profesieë toe die raad van ouderlinge jou die hande opgelê het.

15 Lê jou op hierdie dinge toe, leef daarin, sodat almal jou vordering kan sien.

16 Let goed op jou lewe en jou leer, volhard daarin, want deur dit te doen, sal jy jouself red sowel as dié wat na jou luister.

'n Gesonde liggaam huisves 'n gesonde gees!

Liggaam en gees is een, as die een iets makeer, dan sal die ander een dit voel.

As my gees gesond is, dan het hy 'n groot invloed op my liggaam!

'n Gesonde gees het baie te doen, met dit wat my gees inneem.

Ons kan onsself binne sekondes in 'n negatiewe gemoedstoestand indink!

Positiewe gedagtes lei tot positiewe optrede, wat in 'n positiewe uitkoms omsit en net so is die omgekeerde!

Pas jou geestelike huis op – jy het net een!

Psalm 63:7-8 As ek aan U dink op my bed, oor U peins in die nag, dan weet ek: U is vir my 'n hulp.

Almal in die ark

Ons almal is in dieselfde Ark as Mev. Noag *the Zookeeper*.

Net soos ons die besem en mop wil breek, is ons almal ook gereed om los te breek, uit te breek en weg te breek... dinge wat ons vashou en terughou.
Dinge wat ons beperk!

Mev. Noag en haar gesin was ook meer as gereed na dae/maande in 'n Ark met 'n gebrul, geblêr, gesnork en geraas van diere, om uit te breek en weg te breek.

> *Toe dit uiteindelik ophou reën, hoor ons freedom!!*
> *Mev. Noag*

Genesis 8:2 Ook die fonteine van die watervloed en die sluise van die hemel het toegegaan, en die stortreën uit die hemel het opgehou.
3 Toe het die waters geleidelik van die aarde teruggegaan, en die waters het afgeneem.

Vreugde van korte duur – na die reëns moes hul nog in die ark bly totdat hul op droë grond kon staan.

Genesis 8:6-9 Toe het Noag aan die end van veertig dae die venster oopgemaak van die ark wat hy gebou het,
7 en 'n kraai uitgestuur wat gedurig heen en weer gevlieg het totdat die waters weggedroog het van die aarde af.
8 Daarop laat hy 'n duif van hom af wegvlieg om te sien of die waters oor die aarde verminder het.
9 Maar die duif het geen rusplek vir die holte van sy voet gevind nie en na hom teruggekeer in die ark; want die waters was oor die hele aarde. So het hy dan sy hand uitgesteek en hom gegryp en in die ark by hom gebring.

Daar is 'n nuwe normaal wat op hulle wag. Die normaal wat hulle geken het sal nooit weer wees nie! Om uit die ark weg en los te breek bring veranderinge mee.

Genesis 8:10-11 Daarna het hy weer sewe dae gewag. Toe stuur hy die duif weer uit die ark.
11 En die duif het teen die aand na hom gekom, en daar was 'n groen olyfblad in sy bek! Toe merk Noag dat die waters oor die aarde verminder het.

Verandering begin by SELF
Genesing begin by SELF
Vergifnis begin by SELF
Aanvaarding begin by SELF
Liefde begin by SELF
Vertroue begin by SELF
Respek begin by SELF

Pas jouself mooi op – daar is net een van jou.

Huis-huis

Toe ek klein was, was dit dié lekkerste lekker om huis-huis te speel. Jou poppe of soms 'n maatjie moes basies... staan op, sit stil, eet jou kos, ruim op en gaan huis toe!

Hulle moes doen wat ek sê, want ek was die ma.
Of ek het mevrou-mevrou gespeel en dit was koek en tee van die môre tot die aand!

Ooooooo ek kon nie wag om groot te word en hierdie droom te leef nie! Mevrou-Ma klink na 'n wenner van 'n titel!

'n Bietjie van dit en 'n bietjie van dat... nou as jy nie seker is oor hoeveel van elk, dan doen jy soos jy goeddink.

Hierdie Ark - 'n leermeester of 'n straf?

Dink jy dat Mev. Noag geweet het hoe om die diere te versorg? NEE dit was alles nuut vir haar! - Dalk was sy nie eers 'n diere-persoon nie - Miskien het sy hooikoors en of allergie gekry vir die reuke en dierehare!

Dink jy Mev. Noag het 'n applous gekry vir haar bydrae tot die nuwe huishouding? NEE vir seker nie, dit was maar aanvaar dat *a girl's gotta do what a girl's gotta do*!

Dink jy dat dit vir haar lekker of maklik was om saam haar drie skoondogters vir so lank toegesluit te wees? Dalk het sy en haar skoondogters nie eers oor die weg gekom nie! Ek dink sy was ook genadiglik dankbaar daar was nie babas (kleinkinders) nie... imagine dit!

Markus 4:39 Toe staan Hy op, bestraf die wind en sê vir die see: Hou op! Bedaar! Die wind het gaan lê en daar het 'n groot stilte gekom.

Daar is een ding wat alle storms in gemeen het.
Hulle krap die kalmte en rustigheid in ons lewens deurmekaar. Of dit nou 'n storm is waar die donderweer blits en die wind alles uitmekaar wil skeur en of dit nou 'n storm in ons gemoed is wat deur een of ander krisis in ons lewe veroorsaak word, die effek daarvan is dieselfde.

Die rustigheid (comfort) wat ons voor die storm beleef het is daarmee heen. Poef, weg... in 'n oogwink!

Hierdie Ark is nie *smooth* sailing nie.
Nee vir seker het die golwe groot geraak en die Ark geruk en skud!

Ek wonder tog of hul ooit seesiek geraak het?

Jesaja 41:10: Wees nie bevrees nie, want Ek is met jou; kyk nie angstig rond nie, want Ek is jou God. Ek versterk jou, ook help Ek jou, ook ondersteun Ek jou met my reddende regterhand.

Sien ek die storm en dit oorweldig my. Of sien ek die storm en meer as dit die God wat groter is as die storm!
Storms is net tydelik!

Daar is twee tipes lewenstorms waarin mens kan beland.

Die een is wanneer mens buite God se wil beweeg. Deur ons eie toedoen!

Dan die een wat ons ten spyte daarvan, ons werklik probeer om binne God se wil te leef. (Hierdie is 'n uitdaging op sy eie.)
Ons moet nooit die fout maak om te dink dat ons vrede en sekuriteit van ons omstandighede afhanklik is nie.

So seer en moeilik wat dit is om te verstaan, is ons veiliger in 'n storm terwyl ons soek na God se wil, as wat ons in 'n skynbare rustigheid is buite God se wil. Wanneer ons in 'n storm beland selfs wanneer ons binne God se wil probeer bly, moet ons weet: Hy het ons tot hier gebring en Hy sal ons nie nou alleen laat nie. Dit is ons sekuriteit waaraan ons kan vashou al verstaan ons nie altyd God se groter doel nie. God gebruik soms krisisse in ons lewens om ons te vorm net soos 'n beeldhouer 'n skerp beitel en hamer gebruik om 'n beeld te vorm. (Dit is 'n pynlike proses.)

Ons raak soms moedeloos (partykeer meer as wat ons moet), maar die een of ander tyd sal ons 'n oplossing kry daarvoor. Dit mag dalk soms voel ons word in 'n hoek vasgedruk en niemand gee vir ons om nie. Onthou God gee om, meer as wat ons ooit kan verstaan! Somtyds laat God ons toe om ons eie foute te maak, om ons juis bewus te maak daarvan, dat Hy die een is wat foutloos is en nie ons!

Jesaja 43:1-4 As jy deur water moet gaan is Ek by jou, deur riviere, hulle sal jou nie wegspoel nie...

Dikwels moet ons tussen die golwe en die wind in geloof loop.

Ek, Liezel, is voortdurend bewus van my twyfel en dikwels sink ek, maar die Here red my elke keer.

Geloof beteken nie om te glo ten spyte van die bewyse nie, maar veel eerder om gehoorsaam te wees ten spyte van die gevolge.

Lewenstorms is onvermydelik.

Sefanja 3:17 Die HERE jou God is by jou, 'n held wat verlossing skenk. Hy verheug Hom oor jou met blydskap; Hy swyg in Sy liefde; Hy juig oor jou met gejubel.

Vrou – Ma – Zookeeper – Babysitter - Kok
Verpleegster – Juffrou - Berader

JY MAAK VIR GOD SAAK

Tot groot irritasie en frustrasie – *Cabin fever*

Ek het geen idee hoe dit moet voel om *cabin fever* te hê nie, maar ek glo dat dit nie pret is nie!

Genesis 7:16 En die wat ingaan, het gegaan as mannetjie en wyfie van alle vlees soos God hom beveel het. EN DIE HERE HET AGTER HOM (Noag) TOEGESLUIT!

Mev. Noag moes vir seker *cabin fever* gekry het.
Om toegesluit te wees in 'n Ark, waarvan jy nie die sleutel het om oop en toe te sluit nie. Nie te kom en gaan soos jy wil en wanneer jy wil nie. Iets waaroor jy letterlik geen beheer nie!

Dalk sit jy vandag met *cabin fever* a.g.v. iets wat in jou lewe gebeur het, en jy jouself totaal en al geïsoleer het. Besluite wat geneem is om jouself te beskerm en in jou *cabin* te bly.

Romeine 12:2 En word nie aan hierdie wêreld gelykvormig nie, maar word verander deur die vernuwing van julle gemoed, (gedagtes) sodat julle kan beproef wat die goeie en welgevallige en volmaakte wil van God is.

Jy is nie net vasgekeer in jou eie huis nie, maar ook met jou eie gedagtes en emosies.

Veg of Vlug - Toe jy vryheid gehad het, en dinge raak te veel, kon jy vlug en koffie saam 'n vriendin gaan drink het.
As die kinders te veel word kan jy hul na ouma en oupa toe stuur.
As die huwelik nie meer lekker is en dinge werk nie uit nie – kan jy skei.
As jy nie lus is vir kos maak nie – is takeaways in orde!

Nou is jy in hierdie reis van ontdekking.

Reis van jou eie menswees, jou weerloosheid van jou innerlike krag. Ewe skielik kan jy begin vasstel wat werklik binne in jou aangaan.
Jy kan persoonlik verantwoordelikheid neem, en jy kan jouself vrystel van wat jou terughou om 'n vervullende lewe te leef.

Veg of Vlug-
- Maak klaar met dit wat jou vas gehou het en lam gelê het, om nie by jou drome en volle potensiaal uit te kom nie.
- Maak klaar om die leuens en vrese in jou lewe te glo.
- Maak klaar om vasgevang te wees in skuld-gevoelens, minderwaardigheid en verwerping.
- Maak klaar om te veg en te stry vir en teen dinge wat hul waarde verloor het!!
- Maak klaar met dinge waaroor jy eintlik geen beheer oor het nie!!!

Exodus 14:14 Die HERE sal vir julle stry, en julle moet stil wees.

Dit is tyd om oor te gee.

Wat 'n voorreg

Dit is werklik die grootste voorreg om die titel ma, mamma, moeder, moeksie, mamsie te kan dra... (en ons dra dit met trots!)

Al is dit nie altyd maklik of lekker nie, doen ons dit uit liefde - met liefde. Soms wens mens daar was 'n *manual* wat saam met elke uitdaging kom. Van *terrible two's* tot monsteragtige tieners! Elke ouderdom het sy eie uitdaging, en dan sien kinders jou nogal as hierdie *Wonder Women* wat alles kan vermag!

As daar koekverkoping of konsert by die skool is...*my mamma sal dit doen*, en dan wonder jy wat laat hul dink ek kan dit doen! Die invloed wat 'n ma of ouer op hul kinders het kan hul of bou of breek.

Spreuke14:1 Die wysheid van die vroue bou die huis, maar die sotheid breek dit met eie hande af. 2 Wie in Sy opregtheid wandel, vrees die Here; maar hy wat verkeerd is in Sy weë, verag Hom.

Ek wonder of Mev. Noag ook *Moedersdag* gevier het.

> *My kinders het my nie erkenning gegee op hierdie dag nie, my nie sittend gemaak met tee, en my dagtake oorgeneem nie. Nee... en daar was ook geen applous wat my kant toe gekom het nie. Om 'n Ark te bestuur is 'n groot verantwoordelikheid en uitputtend.*
> *Dit was maar net nog een normale dag!*
> *Mev. Noag*

Titus 2:4 sodat hulle die jong vroue kan leer om versigtig te wees, hulle mans en kinders lief te hê.
'n Ma ken haar kind se huil bo al die ander.
'n Ma ken haar kind se hart, voordat hul dit sê, weet sy al....want 'n ma weet alles.
'n Ma dra haar hart op haar mou!
Soveel liefde en kompassie vir dit wat sy vir haar gesin doen en voel ... alles opreg, met liefde en soveel deernis.
'n Ma is die asem in die huis en skep 'n atmosfeer...
Sy luister met 'n fyn oor en neem waar.
Sy praat sag ... tog met outoriteit.
'n Ma verstaan.

Spreuke 1:20 Die wysheid roep hardop daarbuite, sy verhef haar stem op die pleine, 21 op die hoek van die rumoerige strate roep sy, by die ingange van die poorte, in die stad, spreek sy haar woorde: Moederskap is die grootste genade gawe waarmee God haar mee geskape het.

1 Petrus 3:1 Net so moet julle, vroue, aan jul eie mans onderdanig wees, sodat, as sommige aan die woord ongehoorsaam is, hulle ook deur die wandel van die vroue sonder woorde gewin kan word. 2 as hulle jul reine, godvresende wandel aanskou het. 3 Julle versiering moet nie uiterlik wees nie: haarvlegtery en omhang van goud en aantrek van klere nie,

'n Ongeveinsste en opregte geloof impliseer nie perfeksie nie, maar wel die werklikheid van 'n verhouding met God, ondanks jou foute! So 'n geloof beteken dat jy tyd spandeer in die woord en gebed...dat jy saam Hom wandel.

'n Ma loop met 'n Jesus hart op haar mou!
Ma wees beteken nie perfeksie nie.

Genesis 8:1 Toe het God gedink aan Noag en aan al die wilde diere en die mak diere wat by hom in die ark was, en God het 'n wind oor die aarde laat waai, en die waters het teruggetrek.
3 Die water het al hoe meer weggesak van die aarde af.

> *Ek kan my eie oë nie glo nie, die water begin sak! My hart begin bollemakiesies maak ... groot opgewondenheid heers in my!! Noag - ek wonder of Noag dit ook opgemerk het... die water sak! Mev. Noag*

Genesis 8:6 Veertig dae later het Noag die venster wat hy vir die ark ingesit het, oopgemaak 7 en 'n kraai losgelaat, maar dit het heen en weer gevlieg totdat die water op die aarde opgedroog het.
Nee - die kraai het nie terug gekom nie!!!!

Noag kon die teleurstelling in haar oë sien en besluit tog om weer te probeer! *Happy wife - happy life.*

Genesis 8:9 Noag het toe 'n duif losgelaat om te probeer vasstel of die water al van die aarde af verdwyn. Maar oral op die aarde was daar nog water, en die duif kon nie 'n rusplekkie kry vir die holte van sy voet nie en het na Noag toe in die ark teruggekom. Hy het dit toe met sy hand gevang en in die ark teruggesit.

Ek het probeer... sug Noag en gaan sit in sy stoel. Mev. Noag ken God, sy weet dat Hy vir hulle sal deurkom. Sy wil, Sy plan, Sy tyd. Intussen moet hul maar net vashou!

Geloof

Jeremia7:23 Maar wat Ek hulle beveel het, is: Julle moet My gehoorsaam. Dan sal Ek julle God wees en julle sal my volk wees. Maar julle moet leef soos Ek julle beveel sodat dit met julle goed kan gaan.

Mev. Noag staar by die venster uit! Haar hart is nog vol hoop. In haar *geestesoog* sien sy 'n olyftakkie!

Wat as?

Johannes 14:27 Vrede laat Ek vir julle na, my vrede gee Ek aan julle. Bonatuurlike vrede kom oor haar...

Johannes 16:14 Ek sal vir die Vader vra en Hy sal vir julle 'n ander Helper gee. Die Helper is die Heilige Gees. Die Gees sal altyd by julle bly. Sy bid tot die Here mag U o Heer vir ons vertroos en help in hierdie tyd.

Johannes 14:26 en wanneer die Vader in my Naam die Voorspraak, die Heilige Gees, stuur, sal Hy julle alles leer en julle herinner aan alles wat Ek vir julle gesê het. 27 Vrede laat Ek vir julle na; my vrede gee Ek vir julle. Die vrede wat Ek vir julle gee, is nie die soort wat die wêreld gee nie. Julle moet nie ontsteld wees nie, en julle moet nie bang wees nie.

Mev. Noag roep haar gesin bymekaar! Die Here gaan iets nuuts doen sê sy in opgewondenheid... kyk dit is op die punt om te gebeur... ons moet goeie moed hou!

Handelinge 2:1 Toe die dag van die Pinksterfees aanbreek, was hulle almal op een plek bymekaar. 2 Skielik was daar 'n geluid uit die hemel soos van 'n geweldige stormwind, en dit het die hele vertrek gevul waar hulle gesit het. 3 Hulle het iets soos vuur gesien wat in tonge verdeel en op elkeen van hulle gekom het. 4 Almal is met die Heilige Gees vervul en hulle het in ander tale begin praat soos die Heilige Gees dit aan hulle gegee het om onder Sy leiding te doen.

Mev. Noag staar na die olyftak in vaste vertroue met geloof in God!

Kom laat ons sing

Wanneer ons gunsteling liedjie oor die radio speel, is daar 'n paar emosies, gevoelens en herinneringe wat deur ons gedagtes gaan. Soms goed, ander minder goed en ander bitter sleg. Dit wat ons hoor kan bepaal hoe ons dag verder gaan wees!

Die woord sê egter - Ly iemand onder julle? Laat hy bid. Is iemand vrolik? Laat hy lof sing.

Jakobus 5:13-16 Is daar iemand onder julle wat ly? Laat hom bid. Is iemand opgeruimd? Laat hom psalmsing.

> *Vroegoggend word daar gewerskaf aan die Ark. Jy hoor die geneurie! Soms 'n gefluit ander dae word daar sommer uit volle bors gesing! Liewe Noag, hy bepaal sy eie ritme vir die dag. Niks sal hom sommer onderkry nie! Sy wapen... sy wapen is 'n loflied tot God!*
> *Mev. Noag*

Onthou as ons God in 'n lied verheerlik, het die vyand nie staanplek nie. Waar hy skade berokken het, word deur ons lofprysing genees en vervang!

Psalm 96:
1 Sing 'n nuwe lied tot eer van die Here, sing tot eer van die Here, almal op aarde!
2 Sing tot eer van die Here, prys Sy Naam,
verkondig elke dag Sy reddingsdade!
3 Vertel die nasies van Sy mag,
al die volke van Sy magtige dade.
4 Die Here is groot, al die lof kom Hom toe,
ontsagwekkend is Hy bo alle gode.

Die nuwe lied wat ons in aanbidding tot eer van God sing, betoon ons liefde en respek aan Hom.

Psalm 40: 17 Laat almal wat by U hulp soek, jubel en bly wees oor U, laat dié wat op u hulp staatmaak, altyd deur sê: Die Here is groot!

Om effektief te wees as getuie vir die Here, moet ons lof van die Vader ooreenstem met ons lewenswandel in hierdie lewe. Daar sal altyd iemand wees wat na ons kyk - aksie spreek harder as woorde.

Hoeveel keer het ons al wakker geword met 'n lied in ons hart en dan begin ons dit te neurie, sommer die oomblik as ons op is! Tot in ons slaap kom plaas God 'n lied in ons hart - en ons alleen kies of ons dit wil sing.

Psalm 144:9 Ek sing 'n nuwe lied vir U, o God; op 'n harp van tien snare sal ek U prys.

Psalm 33:3 Sing vir Hom 'n nuwe lied; speel vaardig met 'n gejuig van vreugde.

As ek en jy 'n loflied tot eer van God sing, begin die hoop na vore kom namate ons sterker word in die Here. Uiteindelik kry ons die oorwinning omdat God al die eer en lof kry.

Psalm40:4 Hy het my 'n nuwe lied in die mond gelê, 'n loflied vir ons God.

Baie sal daarvan hoor en Hom die eer toebring, hulle sal op die Here vertrou! Laat ons loflied heilig en opreg wees.
Die Here is goed vir die wat Hom soek.

Jesaja 42:10 Sing tot eer van die Here 'n nuwe lied, Sing Sy lof van die einde van die aarde af! U wat neerdaal na die see en alles wat daarin is.
Die Here is waardig om geprys te word.

Psalm 149:1 Prys die Here! Sing tot eer van die Here 'n nuwe lied.

Alle dinge is deur Hom gemaak; en sonder Hom is daar niks. In Hom was die lewe; en die lewe was die lig van mense. Want so lief het God die wêreld gehad, dat Hy Sy enigste Seun gegee het, sodat elkeen wat in Hom glo, nie verlore mag gaan nie, maar die ewige lewe kan hê.

Mattheus 10:32 Wie My ook al voor ander erken, Ek sal dit ook voor my Vader in die hemel erken. Maar wie My voor ander verloën, sal Ek verloën voor my Vader in die hemel.

Ons mag nie toelaat dat ons stem stil word nie.

Openbaring 5:9 En hulle het 'n nuwe lied gesing en gesê: Dit is waardig dat U die boek neem en Sy seëls breek; want U is doodgemaak en vir God gekoop met U bloedmense uit elke stam en taal en volk en nasie.

Gister se beproewing - is vandag se oorwinning

2 Korintiërs 4:8-9 In alles word ons verdruk, maar ons is nie terneergedruk nie; ons is oor raad verleë, maar nie radeloos nie; ons word vervolg, maar nie deur God verlaat nie, op die grond neergegooi, maar nie vernietig nie.

> *Ons is meer as oorwinnaars! Die pad tot hier was nie maanskyn en rose nie, maar die aanhou, vashou en deurdruk was die moeite werd! Ek en Noag het mekaar gedra en bemoedig! Maar ons het geweet in ons swakheid bly God sterk.*
> *Mev. Noag*

Elke dag is vir ons 'n oorwinningsdag.

1 Johannes 5:4 Want almal wat uit God gebore is, oorwin die wêreld. Dit is die oorwinning wat die wêreld oorwin het, selfs ons geloof.

Nou is ons binne in Kanaän (oorwinning) - nou wat nou?

Oorwinning is 'n verowering - 'n oorwinning - 'n oorheersing - 'n oorwinning of oorwinning oor iets.

Om in 'n verhouding met God te staan verander ons lewe, en al ons gestry en baklei teen die wêreld en sy dinge vir oorwinning!
Deur God se genade en deur Sy onvoorwaardelike liefde is ons meer as oorwinnaars!

- Dit is nie die wil van God dat ons in nederlaag moet wandel nie.
- Dit is wel God se wil dat ons 'n lewe van oorwinning sal leef.

Ons verhouding met God gee ons nie net die oorwinning nie, ons moet ook die ingesteldheid en houding van oorwinning hê. Ons moet ophou dink aan die verlede, die vorige nederlae en foute. Deur Jesus en die bloed van Jesus gee God ons die gawe van oorwinning. Ons moet in oorwinning dink en kies om oorwinning te leef.

OORWINNING IS ONS PORSIE!

2 Korintiërs 10:3-5 Want hoewel ons in die vlees wandel, voer ons die stryd nie volgens die vlees nie; want die wapens van ons stryd is nie vleeslik nie, maar kragtig deur God om vestings neer te werp, terwyl ons planne verbreek en elke skans wat opgewek word teen die kennis van God, elke gedagte gevange neem tot die gehoorsaamheid van Christus...

Om in oorwinning te leef kyk ons met 'n geestelike oog na die onsienlike, en nie dié van die wêreld nie! Maar onthou ons staar ons nie blind vir die wêreld en sy dinge nie! Maar alles in en deur geloof - die onmoontlike en onbekende!

Hebreërs 12:2 die oog gevestig op Jesus, die Leidsman en Voleinder van die geloof, wat vir die vreugde wat Hom voorgehou is, die kruis verdra het, die skande verag het en aan die regterkant van die troon van God gaan sit het.
3 Want julle moet ag gee op Hom wat so 'n teëspraak van die sondaars teen Hom verdra het, sodat julle in jul siele nie vermoeid word en verslap nie.

Om in oorwinning te leef beteken nie, dat daar nou geen versoekings en uitdagings gaan wees nie! Dalk sal dit nou nog meer wees - God is getrou; Hy sal nie toelaat dat ons versoek word bo wat ons kan verdra nie. (Al voel dit vir ons soms of God ons in daai

situasie verlaat het). As ons wel in die moeilikheid (versoeking) kom, sal Hy ook 'n uitweg bied sodat ons dit kan verduur.
Om moeilikheid (versoeking) te vermy, moet ons oomblik vir oomblik ons onderwerp aan God.

Korintiërs 10:13 Geen versoeking het na julle toe gekom behalwe van 'n mens nie, maar God is vertrouenswaardig, wat nie sal toelaat dat julle bo julle vermoë getoets word nie, maar Hy sal vir julle versoeking ook 'n uitkoms gee sodat julle dit sal kan verdra.

'n Oorwinnende Geestelike lewe is 'n geloofsreis, nie net vir ewige verlossing nie, maar wat 'n daaglikse besluit/keuse is om 'n leefstyl in Christus te hê.
Geloof is ook die absolute versekering, wat ons kalmte gee om dit wat ons nog nie sien nie, te weet dat dit veel meer betroubaar is as wat ons kan sien!

Efesiërs 2:8-9 Want uit genade is julle gered, deur die geloof, en dit nie uit julleself nie: dit is die gawe van God; nie uit die werke nie, sodat niemand mag roem nie.

Oorwinning beteken nié dat ons nou 'n punt bereik het waar ons in hierdie lewe nie meer met sonde stry nie. Oorwinning is nié om een sonde met 'n ander te vervang nie.
Oorwinning is nie manipulasie, dat as jou gewete jou pla en jy bang raak jy eindig in die hel op!
Ons MOET die wêreld en sy dinge oorwin anders oorwin dit ons!

Romeine 10:9 As jy met jou mond die Here Jesus bely en met jou hart glo dat God Hom uit die dode opgewek het, sal jy gered word.

Verklaar jou oorwinning!!! Skreeu dit uit!!

Psalm 107:28-30 Toe het hulle die HERE aangeroep in hul benoudheid, en uit hul angste het Hy hulle uitgelei. Hy het die storm 'n gesuis gemaak, en hulle golwe het stil geword. Toe was hulle bly, omdat dit rustig geword het, en Hy het hulle gelei na die hawe van hul begeerte.

Dit is baie belangrik dat ons moet weet, dat ons nie goeie werke moet doen om gered te word nie!

Ons doen goeie werke omdat ons gered is - AMEN

Dit is meer as goed

Dit was die eerste dag en dit was die sesde dag en dit was goed – néé dit was meer as goed!

Johannes 1:1-3 1 In die begin was die Woord daar, en die Woord was by God, en die Woord was self God. 2 Hy was reeds in die begin by God. 3 Alles het deur Hom tot stand gekom: ja, nie 'n enkele ding wat bestaan, het sonder Hom tot stand gekom nie.

Ons staan in verwondering oor God se grootheid. Oor dit wat vir ons onmoontlik en onbekend is. Dit wat vir ons onsienlik is. Hierdie Ark wat menslik onmoontlik was, het Hy moontlik gemaak.
Verwondering in SY grootheid!
Mev. Noag

Ons staan in verwondering oor God se skeppingsdade! Hoe Hy alles sorgvuldig en noukeurig aanmekaar geweef het. God van *detail*. God het elke planeet self in die hemelruim opgehang. Hy het noukeurig die sterre met Sy hand in plek gesit! ... en daar was LIG.
Ons dien 'n God van Wonders!

Romeine 1:20 Van die skepping van die wêreld af kan 'n mens uit die werke van God duidelik aflei dat Sy krag ewigdurend is en dat Hy waarlik God is, hoewel dit dinge is wat 'n mens nie met die oog kan sien nie. Vir hierdie mense is daar dus geen verontskuldiging nie.

Verwondering - Verwondering is daardie oomblik wat ons besef ons is in die teenwoordigheid van iets wonderliks - 'n Wonderwerk!

Psalm8:10 O Here, onse Here, hoe heerlik is u Naam op die ganse aarde!
Verwondering is wanneer ons kan begin sien, dat die wêreld meer is as wat die blote oog kan sien!
Verwondering is wanneer ons die ongewone in die alledaagse lewe kan raaksien, wanneer die gewone vir ons 'n ander tipe mooi word.

2 Korintiërs 4:6 God wat gesê het: Laat daar lig skyn uit die duisternis, het ook in ons harte 'n lig laat skyn om ons te verlig met die kennis van die heerlikheid van God, wat van Jesus Christus uitstraal.

Ons dien 'n sorgvuldige en 'n noukeurige God. 'n God van die onbekende en onmoontlike! God van die onsienlike! Alles wat ons oor God kan sê of dink, begin wanneer ons ons aan Hom en Sy skepping verwonder.

Psalm 8:4 As ek U hemel aanskou, die werk van U vingers, die maan en die sterre wat U toeberei het...

Verwondering is wanneer ons verby iets mooi, maar tog eenvoudig loop en dit harder met ons harte praat as die pyn waardeer ons gaan!
Verwondering is om stil te word, en God se skepping te beleef.

Psalm 8 is inderdaad die psalm van die verwondering. Die wonder van God lê in Sy hele skepping. En daarom verwonder die psalm skrywer hom nie net aan God nie, maar aan die ganse skepping, aan alles wat God gemaak het. Aan die aarde, die hemel, die diere. En aan die mens, wat God wonderlik geskape het, net minder as 'n goddelike wese.

God is wie Hy sê Hy is ... al tuimel alles om ons inmekaar, al woed die storms om ons! God bly dieselfde!
Verwondering is 'n gawe van God, dit is goddelik. Dis iets wat God vir ons gee om die wonderbaarlike en goddelike, die bo-menslike in en om ons raak te sien. Verwondering maak ons los van die arme ek, dit maak ons los van die "aardse dinge" waaraan ons so vasklou – valse identiteit!

O Lord, my God, when I in awesome wonder
Consider all the worlds Thy Hands have made
I see the stars, I hear the rolling thunder
Thy power throughout the universe displayed...

Die skepping verander, dit staan nie stil nie! Selfs ons verander - Maar God verander nooit!
Ons kan ons verwonder dat die skepping en die werklikheid daarvan groter is as ons eie menswees.
Verwondering ruk ons tot stilstand. Soms as die mat onder ons uitgeruk word, kan ons net in verwondering staan dat ons dalk harder kon geval het, as wat ons het! Verwondering bewys dat God bestaan! Wanneer ons ons verwonder, begin ons onderskei tussen gewone en ongewone, normaal en abnormaal, leuens en waarheid, natuurlik en bonatuurlik.

God kom bewys Homself deur die Ongewone in die Gewone, en dit gee ons die vermoë om daardie Ongewone te beleef.
Verwondering is nie iets vreemds of nuuts nie, dit was nog altyd daar, ons het net nog nooit lank genoeg stil gestaan nie!
Verwondering maak gesond (gees, siel, liggaam)!
Verwondering vernietig bande van wanhoop.
Verwondering ontbloot angs en vrees.

As die toekoms onseker, onmoontlik voor ons staan, wanneer dit voel ons versmoor in ons eie ek, kom God en verras ons met Verwondering! Situasies leer ons om tree vir tree weer in verwondering te staan, terug te kyk en te weet God het ons gedra!

Verwondering kom maak ons oë en harte oop om ontvanklik te wees vir onmoontlikhede wat moontlik word, van die gewone wat sy ongewone kant wys, van die natuurlike wat vir ons bonatuurlike deure oopmaak.

Al woed die storms om ons, kom verwondering en laat ons die mooi raaksien. Dat ons in meer as net wat ons nou kan sien, kan in glo!

Verwondering bring herstel, genesing en bevryding!

Psalm 8:5 wat is die mens dat U aan hom dink, en die mense kind dat U hom besoek?
6 U het hom 'n weinig minder gemaak as 'n goddelike wese en hom met eer en heerlikheid gekroon.

As jy vandag stilstaan in verwondering oor God se skepping, onthou jy is ook deel van God skepping - 'n skeppings wonderwerk!

God gee ons die vermoë om te kan WONDER, te BEWONDER en te VERWONDER!

Rustend

God het die sewende dag as gereelde rusdag geheilig, want op daardie dag het Hy gerus na al die skeppingswerk wat Hy gedoen het.

Genesis 2:30 Om besig te bly gee ons die gevoel dat ons iets bereik, maar dit is misleidend, want om besig te bly roof ons van baie dinge - tyd! Kosbare tyd met ons gesin! Tyd met God!

Spreuke 19:23 Wie die Here dien, se lewe is veilig; so 'n mens slaap rustig, geen ramp tref hom nie.

Hier is ons nou, die Ark RUS op die berg Ararat! Noag beteken Rus - Rus – om te ontspan, asem te skep, diep asem te haal en rustig te wees. Ons RUS in die Here.
Mev. Noag

Psalm 23:2-3 Hy laat my rus in groen weivelde. Hy bring my by waters waar daar vrede is. Hy gee my nuwe krag.

Rus is 'n geskenk wat ons al te dikwels eenkant toe skuif. Ons voel skuldig om vir vyf minute net te sit en te wees! Rus is 'n woord wat in baie se lewe nie bestaan nie of dit dalk misbruik vir die verkeerde redes!

Psalm 62:5 Net by God vind ek rus, want op Hom vertrou ek.

Maar rus verfris ons, en gee ons die energie wat ons nodig het. Dit is 'n geestelike dissipline om rus te beoefen, en dit help ons om God se teenwoordigheid te geniet en ons prioriteite reg te kry.

ONS KAN VANDAG NOG IN GOD SE RUS INBEWEEG

Met die instelling van die sabbat skep God vir die mens 'n geleentheid om te deel in Sy rus. God se rus is nie 'n risiko nie. Sy rus is nie afhanklik van die mens se bydrae of prestasie nie. Dit is 'n geskenk, want dit is vir God belangrik dat ons genoeg rus inkry! Ons mag nie toelaat dat vrees en kommer ons oorweldig en dryf om besig te bly nie. Ons mag nie toelaat om besig te bly vir erkenning nie! Dit is juis die te besig bly wat ons vreugde, gesondheid en tyd steel. Jy kan besig bly en nog steeds niks bereik!
Wanneer ons in die RUS van die Here ingaan, kan geen vrees, angs en kommer ons steur nie!

Mattheus 11:28-30 Kom na My toe, almal wat uitgeput en oorlaai is, en Ek sal julle rus gee. Neem my juk op julle en leer van My, want Ek is sagmoedig en nederig van hart, en julle sal rus kry vir julle gemoed. My juk is sag en my las is lig.

Dit is vir God belangrik dat ons moet RUS!

Vergewe spreek vry

Hierdie is een van die moeilikste dinge in die lewe om te doen! Maar dit is moontlik en ook die moeite werd! *OM TE VERGEWE & VRY TE SPREEK.*

> *Daagliks het ons voor 'n keuse gestaan om die aanklaers teen ons te vergewe! Om in vrede te leef het ons gekies om elke een by die naam te vergewe. Mev. Noag*

Matteus 18:21 Toe kom Petrus na Hom en sê: Here, hoe dikwels sal my broeder teen my sondig en ek hom vergewe? Tot sewe maal toe? Jesus antwoord hom: Ek sê vir jou, nie tot sewe maal toe nie, maar tot sewentig maal sewe toe.

Ons almal het al seergekry of seergemaak in die lewe. (Bewustelik of onbewustelik) Dit maak egter nie saak teen wie jou wrok is nie, as jy daaraan vashou, sal dit lei tot bitterheid wat alle aspekte van jou lewe sal vergiftig.
Onvergewensgesindheid veroorsaak geestelike hongers-nood, swakheid en 'n verlies van geloof.

Dit help nie jy drink die gif vir jou vyand om dood te gaan nie, weet dat stadig maar seker is jy die een wat 'n geestelike dood gaan sterf! *VERGEWE & SPREEK VRY.*

Om te vergewe is 'n direkte opdrag van God.

Matteus 6:14-15 Want as julle die mense hulle oortredinge vergewe, sal julle hemelse Vader julle ook vergewe. 15 Maar as julle die mense hulle oortredinge nie vergewe nie, sal julle Vader julle oortredinge ook nie vergewe nie.

Om te vergewe en vry te spreek hou ook 'n belofte vir my en jou in.

Psalm 103:12 Sovêr as die ooste verwyder is van die weste, so ver verwyder Hy ons oortredinge van ons.

Soos wat dit belangrik is om ander te vergewe, is dit ook belangrik om jouself te vergewe!

Vandag is die beste tyd ooit om te vergewe!

Leidings Tyd - PALM SONDAG

Hoekom is dit so moeilik om 'n naam te kies – 'n naam wat betekenis gee aan iets of iemand!

Wat is ek en jy vanmôre bereid om voor Jesus neer te lê...wat is jou palmtakkie se naam?
*Eie ek
*Trots
*Hoogmoed
*Jaloesie
*Bitterheid
*Siekte
*Gebrokenheid
*Huwelik
*Selfsug
*Finansies

Kom ons maak klaar en stap die pad tot vryheid en genesing.

Matteus 21 Die intog van Jesus in Jerusalem
1 Toe hulle naby Jerusalem kom en Betfage aan die Olyfberg bereik, het Jesus twee dissipels vooruit gestuur 2 en vir hulle gesê: Gaan na die dorpie daar reg voor julle, en net soos julle inkom, sal julle daar 'n donkie kry wat vasgemaak is, en 'n vul by haar. Maak haar los en bring

hulle vir My. 3 En as iemand vir julle iets daaroor sê, antwoord dan: Die Here het hulle nodig, en Hy sal hulle gou weer terugstuur. 4 Dit het gebeur sodat die uitspraak van die profeet vervul sou word: 5 Sê vir Sion: Kyk, jou Koning kom na jou toe; Hy is nederig en Hy ry op 'n donkie, op die vul van 'n pakdier. 6 Die twee dissipels het toe vooruit gegaan en gedoen wat Jesus hulle beveel het. 7 Hulle het die donkie en die vul gebring, van hulle klere op die diere gesit, en Jesus het opgeklim. 8 Die grootste deel van die skare het van hulle klere op die pad oopgegooi, en ander het takkies van die bome afgebreek en dit op die pad gestrooi. 9 Die mense wat voor Jesus geloop het en dié wat agter Hom aan gekom het, het begin uitroep: Prys die Seun van Dawid! Loof Hom wat in die Naam van die Here kom! Prys Hom in die hoogste hemel! 10 Toe Jesus in Jerusalem ingaan, het die hele stad in beroering gekom en gevra: Wie is hierdie man? 11 Die skare het geantwoord: Dit is die profeet Jesus van Nasaret in Galilea!

Selfs Jesus het Sy palmtakkie 'n naam gegee – Judas Iskariot.

JESUS dink tog aan my...

Hoeveel keer het ons dit al uitgeroep, geskree, gebid, gehuil, gevra, gesmeek... *"JESUS DINK TOG AAN MY."*

Toe die water begin opstoot en ons die geskree van die volk van buite hoor - het ons gebid – "Here dink tog aan ons"! Sy genade is genoeg!
Mev. Noag

Lukas 23:42 Jesus, dink aan my wanneer U in U koninkryk kom.

Net soos die moordenaar wat langs Jesus aan die kruis gehang het, vir Jesus gevra het. Die rede vir die kruis was ek en jy. Jesus het nie eers aan Sy eie pyn en leiding gedink... Tot op die bitter einde het Jesus aan almal gedink selfs aan 'n moordenaar langs Hom.

Na elke aanslag, nederlaag, dood en trauma roep ons opnuut uit... *Jesus dink aan my*!

Weet vanoggend jou naam is nog steeds op Sy lippe. Hy het en sal nooit van jou vergeet nie. Jy was deel van die kruisiging plan. Hy het die prys betaal vir jou. Net soos Jesus aan ons gedink het met die kruisiging, kom ons dink ook aanmekaar, kom ons vat hande en bid vir mekaar. Help om mekaar se kruis dra.

Nou is die tyd vir – *paying it forward*.

Van ons huis - na jou huis!

Die einde is nog lank nie insig nie!

Die emosies loop hoog en die trane sit vlak –
moedeloos, moedverlore. Wanneer sal al hierdie
dinge ophou?

*Jesaja 43:18-19 Maar moenie net aan die vroeëre dinge
dink en by die verlede stil staan nie. Kyk, Ek gaan iets
nuuts doen, dit staan op die punt om te gebeur, julle kan
dit al sien kom; Ek maak in die woestyn 'n pad, Ek laat in
die droë wêreld riviere ontspring.*

*Ons het geweet dat hierdie nie die einde sal wees
nie, maar die begin vir dit wat God ons belowe het
– ek sien 'n nuwe hemel kom, 'n aarde nuut en
vry!*
Mev. Noag

Die toekoms lyk dalk onbekend ... maar dit sal God
nie omkant vang nie. Hy is in beheer, van wat ook al
ons in die gesig staar – Hy is daar! Dinge werk anders
uit as wat ons gedink, gedroom en of beplan het. Die
meeste van dit wat ons gevrees het realiseer nooit,
die toekoms is nie vas nie, want dit word nog elke dag
gevorm deur ons keuses en besluite. Die Here weet
egter wat môre - die toekoms inhou. Hy belowe ons
dat Hy iets nuuts gaan doen, dit is op die punt om te
gebeur. Dit sal vir seker iets mooi inhou.

Kom ons hou vas aan hierdie belofte, en glo dat in die
slegste sleg, die beste en mooiste mooi sal ontstaan.

*Romeine 8:31 As God vir ons is, wie kan teen ons wees?
Hy wat selfs Sy eie Seun nie gespaar het nie, maar Hom
vir ons almal oorgegee het, hoe sal Hy nie saam met Hom
ons ook alles genadiglik skenk nie!*

Potplant gedagte

Tien jaar voel soos 'n leeftyd en eintlik was dit net gister. Met 'n afskeidsgroet *Blom waar jy geplant word* het daar so ietwat van 'n opstandigheid in my hart gekom. Asof die trauma van verhuising nie erg genoeg op ons as gesin was nie!

Ek moes met my eie gedagtes en emosies deel. Trauma is nie enige een se maat nie! Dit is soveel makliker om iemand te bemoedig en dan is dit juis ook dalk iets wat nie op daai oomblik sinvol of iets beteken nie. Elke een hanteer ons situasies op 'n ander manier en eintlik bedoel hul dit net goed.

Jeremia 29:11 Want Ek weet watter gedagtes Ek aangaande julle koester, spreek die HERE, gedagtes van vrede en nie van onheil nie, om julle 'n hoopvolle toekoms te gee.

Om oor te begin, voor te begin, weer te begin is 'n uitdaging. Ons het geweet dat goeie en slegte tye vir ons voorlê. Ons het gekies om God te vertrou vir die heel beste wat Hy vir ons ingedagte het!
En dit was so!
Mev. Noag

Sy bly agter in dit alles wat bekend is, dit is my situasie wat verander. My fondasie en dit alles wat bekend is, dit wat my lewe gevorm het, word onder my uitgeruk. Op pad na 'n onbekende plek, met onbekende mense, met onbekende uitdagings.

Habakuk 3:17-18 Al sou die vyeboom nie bot nie en daar geen druiwe aan die wingerde wees nie, al sou die olyf oes misluk en die lande geen oes lewer nie, al sou daar geen kleinvee in die kampe meer wees nie, en die beeskrale sonder beeste wees. 18 nogtans sal ek in die Here jubel, sal ek juig in God my Redder.

Ek loop verby die mooiste geel krisante in my tuin, staan vir 'n oomblik stil en in verwondering kom herinner die Here my aan daai einste Afskeidsgroet – *Blom waar jy geplant is.* (Dis asof HY sê... *sien, enige iets is moontlik.*)

Daar is altyd plek en tyd vir blom selfs in ons slegste tye. Die plant sal dalk nie dadelik blomme/vrug dra nadat dit geplant is nie maar moet nie dat dit jou onderkry nie. Moet ook nie jou groeiproses onderskat nie!

Alles vat tyd!

Tien jaar is 'n lang tyd - my Geel krisante blom *AND SO DO I.*

Hierdie skrif kom lê binne in my hart

Johannes14:27 Vrede laat Ek vir julle na, my vrede gee Ek aan julle, nie soos die wêreld gee, gee Ek aan julle nie. Laat julle hart nie ontsteld word en bang wees nie!

Elke tree berei jou voor vir die volgende een. Elke hoofstuk in jou lewe bou 'n fondasie vir die volgende hoofstuk om te gebeur. As jou omstandighede nie verander nie, moet jy leer om uit te styg bo jou omstandighede. Wat jy neig om op te fokus...sal groter word (goed of sleg). Blaas lewe in positiewe dinge in jou lewe, sodat dit kan en aanhou groei.

Romeine 5:1 Omdat ons dan uit die geloof geregverdig is, het ons vrede by God deur onse Here Jesus Christus; 2 deur wie ons ook deur die geloof die toegang verkry het tot

hierdie genade waarin ons staan, en ons roem in die hoop op die heerlikheid van God!
*Ek sal nie bang wees nie – nie vir nou of die dag van môre nie.
*Ek sal nie bang wees vir die toekoms nie.
*Ek sal vashou, aanhou en deurdruk tot die bome begin bot en die bloeisels hul verskyning maak!

Ek sal blom, al mag dit dalk langer vat as wat ek sou wou hê.

So draai die wiel!

Daar is 'n hele paar aanhalings wat ons graag gebruik wanneer ons kwaad of seergemaak is...
*Die wiel draai
*Elke hond kry sy dag
*Boontjie kry sy loontjie
*Sy dag sal kom
*Mag hy kry wat hom toekom

Ons sê of dink hierdie goed, omdat ons die persoon wat ons te nagekom en ingedoen het, dieselfde of dalk iets ergers toewens. Hulle moet mos kan voel wat ek voel... *Oog vir 'n oog en 'n tand vir 'n tand.*

Eksodus 21:24-25 'n Oog vir 'n oog, 'n tand vir 'n tand, 'n hand vir 'n hand, 'n voet vir 'n voet, 'n brandwond vir 'n brandwond, 'n wond vir 'n wond en 'n kneusplek vir 'n kneusplek!

> *Soos wat ons die pyn in ons kinders se oë gesien het, moes ons ons harte bewaar om nie dieselfde op te tree of dalk erger op te tree nie. Seer bly seer!*
> *Mev. Noag*

Efesiërs 4:31 Moenie toelaat dat julle bitter word nie. Beteuel jou humeur en as jy dalk jou humeur verloor, moet jy nie kwaad bly nie. Moenie mekaar vloek of lelike dinge vir mekaar sê nie. Moet ook nie iets doen wat vir 'n ander een sleg is nie.

Dit is soms (meer as normaal) nogal moeilik om beheer toe te pas, oor wat ons dink, sê en hoe ons optree en reageer. Seer bly seer. Maar ongelukkig as ons mense goed toewens, bly ons 'n slaaf van die situasie. Die woord sê uitdruklik dat ons nie ons vyande mag vervloek nie. Die woord vermaan ons egter om ons harte te bewaar!!

Spreuke 4:23 Bewaak jou hart meer as alles wat bewaar moet word, want daaruit is die oorspronge van die lewe.

Wees versigtig wat in jou hart aangaan, want wat ons dink, bepaal alles wat ons doen. Wat ook al in jou hart aangaan, gaan een of andertyd in jou daaglikse lewe opduik. Dit is so belangrik om te let wat ons toelaat om ons harte te vorm. Die grootste deel van beskerming van ons harte, beteken dat ons moet leer hoe om ons gedagtes te beheer, ons woorde, ons emosies en ons algemene uitkyk op die lewe. Probeer om jou innerlike gedagtes te beheer, om nié jou woorde en aksies te affekteer nie. Spandeer tyd in God se teenwoordigheid, en laat die Heilige Gees toe om jou hart te vul met Sy goedheid.

Mag jy vandag kies om die wat jou seergemaak het, opreg te vergewe en vry te spreek. Mag jy ook vandag jouself vergewe.

Esegiël 11:19-20 En Ek sal hulle een hart gee, en 'n nuwe gees in julle binneste gee; en Ek sal die hart van klip uit hulle vlees verwyder en hulle 'n hart van vlees gee, sodat hulle in my insettinge kan wandel en my verordeninge kan hou en dit doen; en hulle sal vir my 'n volk wees, en Ek sal vir hulle 'n God wees.

Maak hierdie jou leefwyse!

Psalm 51:12 O God, gee vir my 'n nuwe hart wat rein is, maak my gees in my nuut, sodat ek altyd aan U kan behoort.

Dit is soveel makliker om die slegte dinge te wil vergeet en net die goeie (memories) te onthou. Dit is hoekom memories, memories genoem word... om later dit te herroep en te kan koester? Maar wat as alle memories nie mooi of goed eindig nie? Hoe raak ons ontslae van dit? Wat doen ons om te vergeet!!

Jesaja 43:18-19 Maar moenie net aan die vroeëre dinge dink en by die verlede stilstaan (vergeet) nie. Kyk, Ek gaan iets nuuts doen, dit staan op die punt om te gebeur, julle kan dit al sien kom; Ek maak in die woestyn 'n pad, Ek laat in die droë wêreld riviere ontspring.

Arme of gelukkige Mev. Noag - weg is alles ... alles wat was. Alles wat hul deur die jare hard voor gewerk het en saam opgebou het! WEG ... Daar is letterlik en figuurlik niks oor nie. Niks om aan vas te hou behalwe memories! Sy moet nou vergeet, daar is geen ander keuse nie!

Die laaste paar maande/jare met die bou van die Ark was aaklig...die gedurige gespot en verwerping het sy tol geëis!
Sy sal maar die nou oomblikke gebruik om nuwe memories te bou en daar waar hulle *eendag* opeindig, elke geleentheid aangryp.

Ons probeer die slegte goed te vergeet om die goeie te onthou... mens noem dit 'n *oorlewingstrategie!* Maar wat as *vergeet* nie jou keuse was of is nie... wat as dit net gebeur het!

Forget something or if you forget how to do something, you cannot think of it or think of how to do it, although you knew in the past.

Spreuke 4:25 Hou jou oë op die pad vorentoe, kyk reg voor jou uit.

Aanvanklik het ek aangeneem of dalk geglo die rede vir my vergeetagtigheid is 'n beskermings meganisme. Ek het geglo dat ek myself net afsny/blok terwyl mense praat amper soos 'n unieke (aandagafleibaarheid) Maar ongelukkig het dit nie net daar gestop nie... sleutels, kos- maak, afsprake, woorde, name alles raak weg!

Daar is nie meer 'n verlede waaraan jy kan vashou of herroep ... goed of sleg! Groot frustrasie en baie trane, dit is 'n alleen pad wat niemand sal verstaan.

Galasiërs 2:20 Ek leef nie meer nie, maar Christus lewe in my. Die lewe wat ek nou op aarde leef, leef ek deur geloof in die Seun van God, Hy wat Sy liefde vir my bewys het deur in my plek te sterf.

Ons is egter geneig om te sê: *ek sal vergewe maar nooit vergeet nie.* Dit wat hul my aangedoen het sal en kan ek nooit vergeet nie!! (Keuse) Die houvas wat die verlede op ons denke en dade het kan soms traumaties wees.

Lukas 9:62 Toe sê Jesus: Iemand wat die hand aan die ploeg slaan en aanhou omkyk na wat agter is, is nie geskik vir die koninkryk van God nie.

Ons almal ken die storie van Lot se vrou wat uit (vrees of nuuskierigheid) bly omkyk het. Sy het met haar lewe betaal om nie dit wat was (verlede) agter te laat (vergeet) nie. (Genesis 19:17-26)

Filippense 4:4-9 Wees altyd bly in die Here! Ek herhaal: Wees bly! Wees inskiklik teenoor alle mense. Die Here is naby. Moet oor niks besorg wees nie, maar maak in alles julle begeertes deur gebed en smeking en met danksegging aan God bekend. En die vrede van God wat alle verstand te bowe gaan, sal oor julle harte en gedagtes die wag hou in Christus Jesus.

Ons breine is soos 'n valskerm beter as dit oop is. 'n Oop gemoed behels nie met wat jy weet nie, maar met wat jy graag wil leer.

Jakobus 1:12-18 Gelukkig is die mens wat in versoeking standvastig bly. As hy die toets deurstaan het, sal hy as oorwinningsprys die lewe ontvang wat die Here belowe het aan dié wat Hom lief het.

Die hede is die enigste tyd wat ons kan kies tussen liefde en vrees. Wanneer ons oor die verlede kwaad raak en vir die toekoms vrees gaan ons niks bereik nie. Dit steel kosbare tyd, ons gesondheid en ons vreugde!

Hebreërs 12:1-3 Terwyl ons dan so 'n groot skare geloofsgetuies rondom ons het, laat ons elke las van ons afgooi, ook die sonde wat ons so maklik verstrik, en laat ons die wedloop wat vir ons voorlê, met volharding hardloop, die oog gevestig op Jesus, die Begin en Voleinder van die geloof. Ter wille van die vreugde wat vir Hom in die vooruitsig was, het Hy die kruis verduur sonder om vir die skande daarvan terug te deins, en Hy sit nou aan die regterkant van die troon van God. Hou Hom voor oë wat so 'n vyandige optrede van die sondaars teen Hom verdra het. Dan sal julle nie geestelik moeg word en uitsak nie.

Ons neig so om te vergeet wat Jesus aan die kruis vir ons gedoen het, ons vergeet van Sy wederkoms, maar ons vergeet nooit wie ons seergemaak, ingedoen of verraai het nie! Omdat ons vergeet, is ons verhouding met Hom nie prioriteit nie!

Ons verhouding met God moet 'n leefwyse wees.

Openbaring 3:15-16 Ek ken jou werke, dat jy nie koud is en ook nie warm nie. Was jy tog maar koud of warm! Maar nou, omdat jy lou is en nie koud of warm nie, sal Ek jou uit my mond spuug.

Maar wat as vergeet tog 'n keuse is!
Laat gaan (vergeet) die dinge wat was, wat seer is, wat jou vreugde steel, wat jou siek maak. Vergeet die dag, datum en tyd! Vergeet die reuk, die bitter smaak! Vergeet om te vergeet...
Om onvoorwaardelik te vergeet is balsem vir die siel!

Spreuke 3:1-6 My seun, wat ek jou leer moet jy nie vergeet nie, hou vas aan wat ek jou voorskryf, 2 want dit sal vir jou 'n lang lewe verseker, dit sal maak dat jy 'n vol lewe het. 3 Moenie dat liefde en trou by jou ontbreek nie; leef daarmee saam, maak dit 'n deel van jou lewe. 4 So sal jy guns verwerf en byval vind by God en mens. 5 Vertrou volkome op die Here en moenie op jou eie insigte staatmaak nie. 6 Ken Hom in alles wat jy doen en Hy sal jou die regte pad laat loop.

Dit is so dat as jy op God fokus, jy werklik besef tot wat jy alles eintlik in staat is wat jy deur en in Hom kan vermag!!

Bou 'n nuwe onthou-oomblik.
Lig jou kop op...GOD het jou nie vergeet nie!
Jou naam is in Sy handpalms gegraveer!

Jesaja 48:15-16 Ek sal jou nie vergeet nie! Ek het jou naam in my handpalms gegraveer!

Ek wil, ek gaan, ek sal, ek kan!

Maklik maar tog ook so moeilik!

Spreuke 16:9 'n Mens beplan sy koers, maar die Here bepaal sy bestemming.

> *Ek het ook "amper elke dag" gestoei met my gevoelens en emosies... soms was ek vol moed en ander dae... ander dae was soos nog 'n dag soos vandag! Sien is glo! Al wat ek kan sien is water en nogmaals water. Hoe kan ek dan glo as ek niks kan sien nie? –*
> *Mev. Noag*

Hebreërs 11:1 Om te glo, is om seker te wees van die dinge wat ons hoop, om oortuig te wees van die dinge wat ons nie sien nie. 2Dit is immers vanweë hulle geloof dat daar oor die mense van die ou tyd met soveel lof getuig is.

Wanneer 'n mens met 'n probleem gekonfronteer word, kan jy bedreig voel en wil vlug of jy kan vasstaan en die probleem vierkantig in die oë kyk! Dit was en is vir my daagliks 'n uitdaging om te doen wat (ek) nie meer kan doen nie! Ek onthou toe ek met 'n pan met wors voor die stoof gestaan het.
Here hoe?... Toe ek in my kar klim en besef Here hoe...? Here hoe was en is die normaal vir my? Ek moes 'n keuse maak, nie net ter wille van my man en kind nie maar ter wille van myself.

Weerloos, totaal afhanklik! Om te weet en te glo op dit wat ek nie kan sien nie!

1 Korintiërs 16:13 Wees waaksaam, staan in vertroue, wees dapper, wees sterk!

In enige situasie hoe benard ook al, is daar altyd 'n keuse en 'n kans vir verandering. Jy kry mense wat hou van uitdagings, ander skram weg van uitdagings. Dinge gebeur soms wat jou lewe tot stilstand ruk! En dan jou lewe in skerwe om jou laat lê!

Om oor te begin beteken nie jy begin altyd by iets nuuts nie. Soms is dit dieselfde ding wat jy net 'n kans kry om beter te doen!

2 Korintiërs 5:7 want ons leef deur vertroue en nie deur wat ons sien nie.

Sien is glo...en dan wil ons kies hoe ons wil glo.
*Ons wil God se goedheid in ons bankbalans sien.
*Ons wil God se seën in gesondheid voel.
*Ons wil God se genade met 'n mes en vurk kan eet of dalk aantrek.

Maar wanneer dit alles nie gebeur nie dan wankel ons geloof... ons sien is swak!

Spreuke 3:5-6 Vertrou volkome op die Here en moenie op jou eie insigte staatmaak nie. Ken Hom in alles wat jy doen en Hy sal jou die regte pad laat loop.

Challenges are what makes life interesting, overcoming them is what makes life meaningful. Joshua J. Marine

Jy kan kies om uit vrees te lewe, maar dan moet jy weet dat jou lewe een gesukkel en oorlewingstryd bly, of jy kan kies vir mag en beheer oor die situasie en as 'n oorwinnaar daar uitstap! (Outoriteit).
Jy kan kies om jou situasie te herskep.

Jy kan oorwinning kies en jouself herontdek en weet wie jy gemaak is om te wees en dan sal jy die waarde van lewe geniet!

Deuteronomium 30:19 Vandag gee ek aan jou die keuse tussen lewe en dood, tussen seën en vloek. Ek roep die hemel en die aarde as getuies vir die keuse wat jy gaan maak. Mag jy tog die lewe kies sodat jy en jou nageslag mag lewe!

Jy kan die probleem sien as 'n uitdaging of jy kan oorweldig voel deur die probleem en dan 'n slagoffer van jou situasie bly! *(Victim mentality)* of jy kan die probleem/situasie as 'n geleentheid sien om te groei! *(Victorious Mentality).*

Die dag as jy besef dat jy op die verloor pad is, 'n pad wat na nêrens heen lei nie, en jy is vas in 'n doodloop straat ....is dit tyd vir ernstige besinning.
Geloof so groot soos 'n mosterdsaadjie, dit kan uitdagings so groot soos berge verskuif!
Onthou dit gaan nie oor hoeveel geloof ek in myself het nie, maar hoeveel geloof ek in God het!

Verskuif jou fokus van rigting!

Dalk is 'n lewensiklus van groei en snoei 'n oproep om wakker te word!! Die lewe is net te kort om ongelukkig te wees en jou ware potensiaal te mis!

Jesaja 42:3 'n Geknakte riet sal hy nie afbreek nie, 'n lamppit wat dof brand, sal hy nie uitdoof nie. Hy sal my wil bekend maak soos dit is.

Die keuse wat jy vandag maak, sal jou opsies en geleenthede in die toekoms beïnvloed!
*Keuses kan maak of breek

*Keuses bepaal jou toekoms
*Keuses bepaal jou ewigheid

Ons is nie 'n produk van ons omstandighede of situasie nie, ons is 'n produk van God se genade!

Spreuke 5:9 dat jy nie jou mooiste jare verspil nie, jou beste jare aan 'n hartelose mens gee nie...

Oor begin - nuut begin, is net die aanhou stap op 'n nuwe onbekende pad, op 'n ander manier en in 'n ander rigting!

Gee my 'n pleister vir my hart!

Ek dink Band-Aid is 'n *household name.* Dit is vir seker dié enigste *ding* wat meer krag het as geld, dit is ook die eerste *ding* waarna gegryp word as 'n huis tot stilstand gebring word, bloed of nie bloed nie... 'n pleister!

Efesiërs 6:10 Verder nog dit: Soek julle krag in die Here en in Sy groot mag.

Ek wens dat daar groter en sterker pleisters was, pleisters wat hierdie seer kan en sal genees. Die seer bymekaar hou! Die gespot, geskinder en gelag agter...nee nie eers meer net agter ons rue nie, sommer nou al in ons gesigte.
Hierdie seer het 'n wond gemaak wat... O net die Here alleen sal weet!
Nie eers al die Band-Aids wat ek ingepak het sal help nie... ek vat dit maar net saam vir die wis en die onwis as iets of iemand dalk dit nodig kry!
Mev. Noag

Dalk 'n splinter of 'n doring in die vlees!

1 Petrus 5:7 Werp al julle bekommernisse op Hom, want Hy sorg vir julle.

Dit is werklik *amazing* om te sien wat 'n wonderwerk 'n pleister en 'n soen kan verrig! Vergete is die nou nou se eina, wat die huis tot stilstand gebring het!
Iewers moes jy al in jou lewe gehoor het... *jy is so 'n sterk vrou!* Nog voor die sinnetjie van *ek wens...* en ek weet wat volgende gesê gaan word, ruk ek al my boksie Band-Aids uit en sê... kies, kies vir jou een. Enige een. Neem, vat sommer die boksie! For free!

Jy is so sterk soos jou pleisters...daarom koop ek nie 'n pleister sonder 'n naam omdat dit goedkoper as 'n Band- Aid is nie. Ek koop die ware Jakob!!

Psalm 147:3 Hy genees die gebrokenes van hart en verbind hulle wonde.

Die eintlike rede hoekom ons 'n pleister plak is vir die seerplek om gesond te word. Om die wond skoon te hou, dat daar nie kieme in kan gaan nie! En te keer dat as jy hom stamp dit nie weer sal begin bloei nie!

Maar wat as ons 'n *wegsteekpleister* geplak het en nie 'n *gesondwordpleister* nie.

'n Wegsteekpleister plak ons oor die gekneusde, stukkende, onsienbare seerplek. Daai seerplek daar diep binne, wat niemand behalwe jy kan sien. Waaroor daar geswyg word!

Dit word dan 'n leeftyd se koestering, soene en wegsteekpleisters plak ... tot die dag wat daai wond gestamp word ... tot daai pleister van daai sweer afgeruk word sonder enige waarskuwing! Hel dis seer!! Die Here weet ... dis seer!

Mattheus 5:4 Geseënd is dié wat treur, want hulle sal vertroos word.

Pleisters kan die ergste van die seer wegsteek. Maar dit kan nog nat word en infeksie veroorsaak.
Pleisters moet afgetrek word sodat die wond kan asemhaal, droog word en genees!
Soms is pleisters rampspoedig!

Pleisters genees nie wonde nie, net tyd kan dit doen!

Efesiërs 4:31 Moet nooit verbitterd of opvlieënd wees of woedend word nie; moenie vloek of skel nie; moet niks doen wat sleg is nie. 32 Wees goedgesind en hartlik teenoor mekaar, en vergewe mekaar soos God julle ook in Christus vergewe.

Pleisters word 'n broeiplek vir kieme!

Jesaja 41:10 Moenie bang wees nie, Ek is by jou, moenie bekommerd wees nie, Ek is jou God. Ek versterk jou, Ek help jou, Ek hou jou vas, met my eie hand red Ek jou.

Ons almal is iewers verwond! Mens kan net soveel pleisters plak en gesond soen. Mens sê jammer vir nog 'n kneusplek wat 'n gesondmaakpleister nodig het!

1 Kronieke16:11 Soek hulp en beskerming by die Here, soek gedurig Sy teenwoordigheid.

Wat doen jy met jou seer?
Watter pleister plak jy op jou seer?
Wat as pleisters en beter soen nie 'n wond kan genees nie?

Openbaring 21:4 Hy sal al die trane van hulle oë afdroog. Die dood sal daar nie meer wees nie. Ook leed, smart en pyn sal daar nie meer wees nie. Die dinge van vroeër het verbygegaan.

Hoe pynlik is dit net nie om 'n ou wond oop te krap nie? Jy kan ook nie 'n nuwe pleister op 'n ou wond bly plak nie!!! NOU is die tyd om die pleisters van jou wond af te trek en toe te laat dat die onsienbare wonde genees!

Efesiërs 6:10 Verder nog dit: Soek julle krag in die Here en in Sy groot mag.

Jy kan nie vir te lank 'n pleister ophou nie, mettertyd begin daai seerplek sweer, vrot en dan gebeur die onnodige amputasie!

Psalm 18:7 In my nood roep ek na die Here, ja, ek roep om hulp na my God.

Wat maak ons met wonde wat nie bloei nie?
Wat as ons nooit weer 'n Band Aid kan kry om op ons seerplek te plak nie?

Psalm 147:3 Hy genees die gebrokenes van hart en verbind hulle wonde.

RUK af daai pleisters!!

Romeine 5:3 Dit is egter nie al nie. Ons verheug ons ook in die swaarkry, want ons weet: swaarkry kweek volharding, 4 en volharding kweek egtheid van geloof, en egtheid van geloof kweek hoop.

Ek sal altyd van God se seëninge en goedheid oor my lewe getuig maar soms as die lewe moeilik raak is dit okay om nie okay te wees nie! God het ons onvoorwaardelik lief en Hy self sal ons troos en ons wonde genees!

Ons is so sterk soos ons pleister... nee ons is sterker, want deur Sy wonde het daar vir ons genesing gekom!!

Ek het my hart vir jou gegee... nie geleen nie.

Waar jou skat is, daar sal jou hart wees!!
Elkeen van ons het 'n hart vol begeertes en wense.
Daar is soveel wat ons sal wil hê en dalk ook anders
sou wou hê!

*Psalm 139:23 Deursoek my, o God, en ken my hart; toets
my en ken my onrustige gemoed.*

> *My hart is vol goeters en dinge, ek weet ek moet
> klaarmaak daarmee. Ek besef dat sodra ons uit
> die Ark gaan, ons lewens nooit weer dieselfde
> sal en kan wees nie. Ek besef God soek my hart!
> God soek nie harte wat verdeeld is of harte wat
> elke nou en dan terugverlang, na die oud en
> bekend nie! -Mev. Noag*

*Spreuke 2:10 Want wysheid sal in jou hart kom, en kennis
vir jou siel lieflik wees.*

Toe ons baba binne in my, se hartjie opgehou klop
het... het mý hart verwoed begin klop. Daar was iets
... my hart soekend. In oorgawe gee ek my oor aan
Hom. 'n Weerloos, stukkende hart lê ek voor Hom
neer. Niks meer van myself nie. Nooit weer wil ek
teruggaan na die oud en bekend nie. Hier is my hart,
hier is ek Here. Vir ewig en altyd! My hart behoort aan
Hom!

Ons almal maak lysies wat sal verskil, party
emosioneel ander materieel. Realisties en
onrealisties... die punt is, ons almal sal 'n lysie in ons
hande hê.

Psalm 37:4-6 Verlustig jou in die HERE; dan sal Hy jou gee die begeertes van jou hart. Laat jou weg aan die HERE oor en vertrou op Hom, en Hý sal dit uitvoer; en Hy sal jou geregtigheid laat voortkom soos die lig en jou reg soos die middag.

Die binneste van 'n mens gaan oor 'n mens se diepste oortuigings, dit gaan oor die dinge wat jy in jou diepste binneste dink.

Psalm 125:4 Here, doen goed aan dié wat goed is, hulle wat opreg van hart is.

Die volkome opregte hart wil meer sekerheid hê, of 'n sonde-bedekking. Die hart wil in God se teenwoordigheid wees om gemeenskap te ervaar. Gemeenskap is om met die Here te praat, om Sy aangesig te soek. Dit is wat 'n mens in die Allerheiligste plek vind.

Wees versigtig wat in jou diepste binneste aangaan, want dit bepaal jou lewe.

Mattheus 5:8 Geseënd is dié wat rein van hart is, want hulle sal God sien.

Dit bepaal:
Wat jy sê.
Hoe jy optree.
Jou gesindheid.
Jou diepste oortuigings, drome, wense en ideale word eintlik van binne gemotiveer.
Jou binneste is waar jou emosies ontstaan.
Jou reaksies word deur jou hart gefilter.
Die onderskeid tussen goed en sleg, reg en verkeerd.

85

Sorg dat jou hart op die regte plek is.
Vul jou gedagtes met alles wat mooi en goed is...eerbaar. Moet nie afdwaal en koud word nie. Moet nie opstandig en afsydig word nie!

Mattheus 13:15 Want die hart van hierdie volk het stomp geword, en met die ore het hulle beswaarlik gehoor sodat hulle nie miskien met die oë sou sien en met die ore hoor en met die hart verstaan en hulle bekeer nie.

Die Here wil ons gebruik, maar ons is stomp. Soos 'n stomp mes wat nie eers deur botter kan sny nie, nutteloos. Ons hoor nie meer nie. Ons is uiterlik Christelik, maar ons luister nie na die Gees nie. Wat binne jou aangaan, sal by die mond uitkom.

Mattheus 12:34 Waar die hart van vol is, loop die mond van oor. Die goeie mens bring die goeie te voorskyn uit die oorvloed goeie dinge in sy hart; die slegte mense bring die slegte te voorskyn uit die oorvloed slegte dinge in sy hart.

Wat stoor ons in ons harte? Ons harte is soos 'n skatkis. Van kleinsaf bêre ons dinge in ons harte. 'n Plek van geheimenisse!

Spreuke 4:23 Bo alles, wees versigtig met wat in jou hart aangaan. Wat jy dink, bepaal alles wat jy doen.

Dit wat ons daar binne bêre, is wie ons word en van daardie dinge wat gebêre word, is nie alles mooi nie. Dit beïnvloed ons hele lewe. As ons bitterheid, haat en woede bêre, kry ons 'n hart van klip. As ons mooi en goeie dinge bêre kry ons 'n sagte hart vol liefde!

In Jeremia 17:1 staan daar: "Die sonde van Juda is ingegraveer met 'n ysterpen, ingegrif met 'n diamantpunt op hulle harte...

Jou hart het 'n tafel waarop dinge ingegraveer word. Dit is diep uitgekrap. Daar is dinge wat in ons lewe gebeur wat diep in ons hart gegraveer is gebeure dalk toe ons kinders was. Dit is gewoonlik te wyte aan ongeregtigheid.

Moet nie 'n bedrieglike hart koester nie - 'n hart wat voorgee! 'n Skynheilige hart!

1 Samuel 16:7 Maar die HERE sê vir Samuel: Kyk nie na sy voorkoms en sy hoë gestalte nie, want Ek ag hom te gering. Want nie wat die méns sien, sien God nie; want die mens sien aan wat voor oë is, maar die HERE sien die hart aan.

Ons moet na ons eie harte kyk. Ons moet die kettings tussen ons en dié wat ons 'n onreg aangedoen het, verbreek, anders bind dit ons vir ewig aan hulle en beheer dit ons lewe deur bitterheid.

Ons reaksie op die onreg wat teen ons gepleeg is, is waarvoor ons vergifnis vra.

Met 'n opregte rein hart...
Neem Jesus ons na plekke waar ons nie in ons eie krag kan gaan nie. Neem die Heilige Gees ons na plekke in ons geestelike lewe waar ons nie self kan uitkom nie.
God neem ons verby ons eie vermoëns, daar waar dit onbekend en onmoontlik is!

Jeremia 17:10 Ek, die Here deursoek die hart...

Is ons harte nog in ritme met God sin, want wanneer ons nie ons harte bewaar en bewaak nie kan dinge vinnig buite beheer raak. Ons is dan gereeld in hierdie dieper innerlike stryd. Ons harte word siek, geestelike hartsiekte vernietig, steel en verwoes wat mooi en goed moet wees! Die ware gebroke hart het van God gehoor.

Rut 1:16 Ek sal gesond maak, teruggee, weer opbou. Maar Rut sê: Moenie by my aandring dat ek u moet verlaat om agter u om te draai nie; want waar u gaan, sal ek gaan; en waar u vertoef, sal ek vertoef; u volk is my volk, en u God is my God.

Kyk mooi na jou hart ... jy het net een.

70 X 7 = 490

Kyk seer is seer en ons almal is al deur die kringloop van seer in ons lewe. Of dit nou 'n kopstamp of 'n papercut was, dit bly seer...

Mattheus 18:21 Toe kom Petrus na Hom en sê: Here, hoe dikwels sal my broeder teen my sondig en ek hom vergewe? Tot sewe maal toe? 22 Jesus antwoord hom: Ek sê vir jou, nie tot sewe maal toe nie, maar tot sewentig maal sewe toe.

Die gespot en valse aanklagte teen ons was nie maklik nie. Magteloos moes ons toekyk hoe ons kinders uitgeskuif word, familie wat ons die rug keer. Onskuldig verneder! Dit was 'n ander seer ... 'n seer wat geen salf voor help nie! Totale isolasie. 70 x 7 elke dag! Vergifnis is 'n keuse, nie 'n gevoel nie
Mev. Noag

Psalm 103:12 So vêr as die ooste verwyderd is van die weste, so vêr verwyder Hy ons oortredinge van ons.

Vergifnis is nie 'n versoek nie, dit is 'n duidelike opdrag van God.

Vergifnis is nie 'n iets wat sommer net eenmalig, afgehandel kan word nie; dit is 'n proses wat deurgewerk word. Dit word deel van jou elke dag bestaan. Wanneer onvoorwaardelike vergifnis 'n leefwyse word deur 'n vrywillige wilsbesluit, ervaar jy 'n innerlike vryheid en verligting van jou gees. Opregte vergifnis (van harte) bring bevryding, wat genesing bring.

Hebreërs 12:15 ...en pas op dat niemand in die genade van God veragter nie; dat geen wortel van bitterheid opskiet en onrus verwek en baie hierdeur besoedel word nie.

Wanneer ons bitterheid koester word ons denke, siel en gees verlam. Geestelik gaan ons dood! Vergifnis is 'n deurlopende (aanhoudende) proses.

Jesaja 43:25 Ek, Ek is dit wat jou oortredinge uitdelg om My ontwil, en aan jou sondes dink Ek nie.

Vergifnis is nie boekhouding van die verkeerde dade wat gedoen is nie.
Vergifnis is nie 'n ontkenning dat die situasie nie bestaan het nie.
Vergifnis is nie 'n eenmalige daad nie, maar 'n manier van lewe.

Mattheus 6:14 Want as julle die mense hulle oortredinge vergewe, sal julle hemelse Vader julle ook vergewe. Maar as julle die mense hulle oortredinge nie vergewe nie, sal julle Vader julle oortredinge ook nie vergewe nie.

Charles H Spurgeon skryf: *Laat ons na Golgota gaan om te sien hoe ons vergewe is. Maar laat ons ook 'n rukkie daar vertoef om te leer hoe om ander te vergewe. Daarna kyk ons op na ons Vader om te leer hoe om dit wat vergewe is, te vergeet.*

Vergifnis weerspieël die ware natuur van God!
Om te vergewe is 'n reis saam met God...

Laat ons reis begin

Vriend of Vriendskap

Daar is 'n gesegde wat sê ... wys my jou vriende en ek wys jou jou toekoms! (Aan ons vriende sal ons geken word!)

Kyk, daar is werklik niks lekkerder vir my as ware vriendskap nie. Om goeie vriende te hê, is vir my 'n groot skat.

By 'n vriend kan ek eerlik wees, voor hul kan ek hardop dink. Teenoor hul kan ek opreg en spontaan optree, kan ek wees net soos ek in werklikheid is – Ralph Waldo Emerson.

Groot was die verbasing toe ons vriende een vir een hul rug op ons draai. Jare se vriendskap weggewas deur die vloed!
Mev. Noag

'n Italiaanse spreekwoord lui soos volg;
Daar is drie dinge wat nodig is om 'n vriend te behou:
respekteer hul in hul teenwoordigheid,
prys hul in hul afwesigheid en
help hul in hul nood.

Vriende vorm mekaar, is altyd eerlik met mekaar, al verskil hulle ook soms. Hulle weet wanneer om hul woorde te tel sonder om seer te maak en vriende respekteer mekaar. Hulle ken jou wonde; jou foute en weet ook hoe om 'n geheim te bewaar.

Die waarde van vriendskap moet nie onderskat word nie want dis goud werd; dis nie te koop nie – dit is onselfsugtig.

Wat goeie vriendskap is;
• getrou - Spreuke 17:17
• vergewensgesind - Spreuke 17:9
• 'n vertroueling - Spreuke 11:13
• 'n goeie invloed - Spreuke 27:17
• eerlik - Spreuke 27:5-6
• vriendelik - Spreuke 15:13
• 'n goeie luisteraar - Jakobus 1:19
• onselfsugtig - Filippense 2:4
• 'n bemoediger - Prediker 4:9-11

Wat vriendskap nie is nie
• selfsugtig - Spreuke 18:1
• misbruik - Spreuke 19:4
• skinder - Spreuke 20:19:
• kwaad - Spreuke 22:24-25

'n Ware vriend praat vryelik, adviseer regverdig, onderskraag geredelik, verdedig dapper en verander nie – William Penn.

Ware vriende stap saggies en versigtig in 'n mens se lewe in en laat jou sonder woorde weet dat hulle daar is om te bly deur al die seisoene van jou lewe – Floris Knouwds.

Kom ons behou die waarde van goeie vriendskap.

Spreuke 27:17 – Yster slyp yster; vriende vorm mekaar.

Ware Vriendskap

H.A.T definieer vriend as 'n persoon met wie iemand vertroulik en intiem omgaan; persoon verbonde aan 'n ander met bande van liefde, geneentheid en vertroue; iemand wat in tye van moeilikheid 'n helpende hand uitsteek.

Spreuke 27:17 Yster slyp yster en so vorm vriende mekaar.

> Ek en Noag het ons vriendskappe gekoester, ons het die woord en waarde van Philia liefde geken en verstaan! Ons het baie vriende gehad, baie gelag en lekker gekuier. Ek het 'n paar kosbare vriendinne gehad, my boesemvriende, daai wat jy so teen jou hart vasdruk... ongelukkig soos die bou van die ark gevorder het, het die vriende al hoe minder geword. Met die voltooiing van die Ark was daar nie een Boesemvriendin oor nie! Ons het besef, dit was tyd om aan te beweeg en om God te vertrou vir nuwe vriendskappe!
> Mev. Noag

Spreuke 12:26: Die regverdige laat sy pad vir hom wys deur 'n vriend; die goddeloses verdwaal op die pad wat hulle self kies.

Elke een van ons het tog 'n behoefte of 'n begeerte na ware, opregte mooi vriendskap. Die woord sê, dat twee vaar beter as een. En eintlik is dit maar so, al staan ons in ontkenning het ons tog daai een vriend of vriendin in ons lewe nodig.

Ekstroverte het soms baie vriende terwyl die introvert dalk net een of twee naby vriende het, wat ook al jou behoefte aan vriendskap is. Vriendskap is iets wat gegee word, sonder dat dit gemeet word. Maar ongelukkig is dit so dat in ons samelewing koop rykdom, sukses, roem en geld soms vriende, maar mens noem dit mooiweersvriende.

Die wonde wat toegedien word deur een wat lief het, is getrou," sê Spreuke 27:6.

Ware vriendskap is eg, eerlik en skoon.
Ware vriende sien nie net jou foute raak nie, maar die dieper mens binne jou en sommige ken jou hart beter as jyself. Dié soort vriendskap vorm lojaliteit. Om lojaal te wees is om respek vir mekaar te hê, opofferings te maak ten einde getrou aan die vriendskap te bly.
Ware vriendskap is vriende deur dik en dun, vriende wat verby jou foute kyk, wat jou onvoorwaardelik aanvaar en ook lief het.
Ware vriendskap is wanneer jy iemand anders se behoeftes bo jou eie stel.
Dat jy bereid sal wees om tyd op te offer vir daardie persoon.
Ware vriendskappe is nie jaloers op die ander of wat hul besit nie.
Ware vriendskap is nie te koop nie, want dit vind nie sy lus in neem nie, maar in gee.
Ware vriendskap vergeet wat hy gee.
Ware vriendskap huiwer nie om openhartig die waarheid met jou te praat wanneer jy verkeerd is nie.
Ware vriendskap moet bereid wees om 'n argument te verloor.

Ware vriendskap koop jy nie, maak nie saak wat die prys is nie.
Ware vriendskap sal jou nooit soos 'n besitting behandel nie.
Ware vriendskap is waar stilte tussen twee mense nie ongemaklik is nie.
Ware vriendskap waar 'n mens hardop mag dink en lag dat die trane loop.
Ware vriendskap is daai persoon by wie jy dit kan waag om jou self te wees.
Ware vriendskap is waar iemand by jou staan, selfs wanneer hy nie alles weet of verstaan nie.
Ware vriendskap is iets wat gegee word, sonder dat dit gemeet word.
Ware vriendskap is om iemand anders se behoeftes bo jou eie te stel.
Ware vriendskap is om uit te reik na iemand anders, en om bereid te wees om op te offer.
Ware vriendskap is vertroue, betroubaarheid en lojaliteit.
Ware vriendskap is meer as 'n emoji en 'n Lottokaartjie!

Spreuke 27:9 Die hartseer raad van 'n vriend is so soet soos parfuum en wierook.

Drie dinge is nodig om vriende te behou....
RESPEKTEER hulle in hulle teenwoordigheid,
PRYS hulle in hulle afwesigheid en
HELP hulle in hulle nood. (Italiaanse spreekwoord)

Spreuke 12:26 Die godvresende gee goeie raad aan hul vriende; die goddelose lei hulle dwaal.

Ongelukkig moet JY self eers die soort vriend wees wat JY graag sal wil hê!

*Spreuke 18:24 Maats kan jou breek, maar daar kan ook
'n vriend wees wat nader is as 'n broer.*
Die Bybel sê 'n ware vriend is:
'n Geesgenoot (soos Dawid en Jonatan... 1 Samuel
18:1)
Iemand met 'n liefde vir jou soos vir homself
(1 Samuel 18:1, 20:17)
Iemand met wie jy 'n eensgesindheid deel (soos
Paulus en Timoteus... Filippense 2:19-23).
Iemand wat lojaal aan jou is (2 Samuel 1:23).
Iemand wat saam met jou voel (meegevoel) as die
"lewe met jou gebeur" (Job 2:11 Job se vriende kom
om hom te troos en hulle meegevoel te betuig).

*Die regverdige laat sy pad vir hom wys deur 'n vriend;
die goddeloses verdwaal op die pad wat hulle self
kies.
(Spreuke 12:26).*

*Maats kan jou breek, maar daar kan ook 'n vriend
wees wat nader is as 'n broer (Spreuke 18:24)*

*Goed bring baie vriende aan, maar die arme word
deur sy vriend verlaat ... die man van geskenke het 'n
hoop vriende" (Spreuke 19:4,6)*

*Verlei "Dit kan gebeur dat jou...boesemvriend jou in
die geheim wil verlei..." (Deuteronomium 13:6)*

*Sommige is nie betroubaar nie ("Self my
boesemvriend op wie ek vertrou het, wat altyd by my
geëet het, het my in die rug gesteek..." (Psalm 41:10).*

**Maak jou vriendelikheid goedkoop en hou jou
vriendskap duur. ~ C.J. Langenhoven**

Spreuke 18:24 Daar is vriende wat mekaar vernietig, maar 'n regte vriend staar nader as 'n broer.
Miskien is ware vriendskap vandag skaars omdat dit iets kos om 'n ware vriend te wees.

Liewe vriend en vriendin...
Dankie vir die pad wat jy saam my gestap het en nog steeds stap.
Dankie dat niks ooit te veel is vir jou nie!
Dankie dat ek op jou skouer kan huil en kan gal braak sonder om te verduidelik.
Dankie dat ek my hart, my drome en my diepste seer met jou kan deel.
Dankie dat jy my verstaan, sonder dat ek 'n woord hoef te sê.
Dankie dat, al het ons mekaar jare laas gesien, ons kan aangaan waar ons opgehou het.
Dankie vir al die bederfies en saad wat jy saai.
Dankie dat ek uit my maag kan lag (soms hard en lelik) en jy nie vir my skaam kry nie.
Dankie dat ons vriendskap nie jaloers is of 'n kompetisie nie.
Dankie dat my beroep en geloof nie vir jou 'n bedreiging is nie!
Dankie dat jy nie na my cv kyk of adres nie!
Dankie dat jy my Liezel aanvaar, sonder "designer wear", bolla op my kop en my gemaklike crocs.
Dankie dat jy nie jou rug op my gedraai het, toe die res op my uitgestap het nie!
Dankie dat jy in my drome glo al klink dit hoe absurd!
Dankie vir die dag toe jy vir my gesê het - jy glo in my!
Dankie dat jy my aanvaar en lief het vir wie ek Liezel is! - geen pretensie geen beheer!
Dankie is so klein woordjie maar dit word met baie liefde en opregte waardering gesê.

Liefde wen

Hier is ek Here!

Terwyl ons groot word en beweeg op ons *journey*, haal ons gewoontes, gebruike en roetines op. Ons vestig onsself in 'n lewenswyse wat gemaklik, hanteerbaar en aanvaarbaar is vir onsself - 'n GEMAKSONE!

Jeremia 29:11 Want Ék weet watter gedagtes Ek aangaande julle koester, spreek die HERE, gedagtes van vrede en nie van onheil nie, om julle 'n hoopvolle toekoms te gee.

Ek mis ons huis. Ek mis die geraas van die kinders, die geskreeu en lag in die strate! Ek mis die gemak van my eie bed, die reuk van kalmoes, mirre en frankincense wat in die huis hang. Ek mis dit wat bekend was!
Die Ark is alles nuut - onbekend.
Weg is ons gemaksone!
Mev. Noag

Openbaring 21:5 Toe sê Hy wat op die troon sit: Kyk, Ek maak alles nuut. En daarna sê Hy: Skryf hierdie woorde op, want hulle is betroubaar en waar.

Die meeste van ons smag na iets meer. Ons verlang na so baie dinge, beter dinge - 'n beter werk, 'n beter sosiale lewe, 'n beter huis, motor en vakansies. Ons het hierdie konstante gevoel binne ons, dat ons beter kan wees as wat ons tans is. Die gevoel van waar ons vandag is en waar ons eintlik veronderstel is om te wees, maar ons ignoreer dit.

Ons almal het elke dag die geleentheid en keuse om ons lewens te verander. Ons het altyd 'n keuse om die vernietigende gewoontes en roetines wat ons ontwikkel het, te verander.

Niks hiervan is maklik nie – dit weet en verstaan ek al te goed.

As ons voortgaan met onsself vernietigende, ongelukkige lewenstyl, waar sal ons op eindig! Dit is tog vir seker makliker om binne ons gemaksones te bly en almal om ons te blameer vir die manier waarop ons lewe verander het. Hoekom ons is waar ons is?

Jesaja 43:1 Ek het jou op jou naam geroep, jy is Myne.

Die almal wat ons so graag blameer - gee nie 'n duit om oor ons nie! Hulle lê nie wakker oor my en jou nie! Dalk is hulle nie eers bewus dat ons hul blameer nie! Selfs die regering gee nie om dat ons dalk kluisenaars word of in vrees in ons eie huise leef nie!

Dit maak nie saak waar ons vandag is nie, ons het die krag om die rigting waarin ons lewe gaan, te verander. Al wat nodig is, is om 'n besluit te neem om weg te beweeg van wat ons terug hou en aksie te neem in die rigting van 'n lewe wat ons verdien en 'n lewe wat ons kan bou vir onsself.
Dit bly ons keuse!

1 Johannes 10:10 Die dief kom net om te steel en te slag en te verwoes. Ek het gekom, dat hulle lewe en oorvloed kan hê.

Elke dag neem duisende mense, besluite om buite hul gemaksones te beweeg en om hul lewens te verbeter en hulle oorleef dit! Soms slaag hulle, soms misluk hulle. Dit is net soos die lewe is.

Die weg beweeg van ons gemaksones maak ons 'n bietjie sterker, 'n bietjie meer vasberade om better te word en ons lewens te verbeter. Ons word meer positief, en gaan voort om verberterings te wil aanbring. Die wonderlike ding om te besluit om uit ons gemaksone te stap, is dat dit ons wys dat alles moontlik is en dat ons 'n beter ritme kry om 'n beter, sterker en gelukkiger ek te word.

Ons gemaksone is 'n bitter gevaarlike plek. Dit steel van ons! Dit verhoed dat ons verbeter, dit keer dat ons al die dinge bereik wat ons in staat is om te bereik en dit maak ons minderwaardig voel.

Deuteronomium 28:13 En die HERE sal jou die kop en nie die stert maak nie, en jy sal net boontoe en nie ondertoe gaan nie as jy luister na die gebooie van die HERE jou God wat ek jou vandag beveel om te hou en te doen.

As ons nie ons lewe ten volle leef nie, is dit omdat ons nog in ons eie gemaksone sit. Dit is soveel maklik en lekkerder om te doen waaraan ons gewoond was om te doen en binne die grense van die minste weerstand te bly, maar as ons in ons lewe wil vorder, moet ons loskom van dit wat ons weerhou. Om nie te waag nie, sal ons nooit onsself en ons gawes en talente ontdek nie. Om in ons gemaksone te woon, gaan dit oor - om alles veilig en maklik te doen: dan weet ons ten minste wat die uitkoms sal wees. As ons bang is om risiko's te neem en iets te doen wat ons bang maak, of dat ons nie weet hoe dinge sal uitwerk nie, kan ons nooit regtig besef wie ons werklik is nie (ons kan net bly wonder).

Ons vind eintlik soveel meer oor onsself uit wanneer ons bereid is om risiko's neem. Ons vind uit waarvan ons gemaak is. Ons ontdek wat ons harte laat vinniger klop, wat ons opgewonde en gelukkig maak! Ons begin daardie deel van onsself diep binne sien, ons ware self, die een met wysheid en krag, wat die meeste van ons nie eers bewus is van nie, presies dit wat ons nooit self ontdek het nie! As ons in ritme kom met onsself - ons ware self, maak ons deure oop vir verandering, groei, vooruitgang, liefde en begrip wat nie binne ons gemaksone gevind kan word nie.

Dit is onmoontlik om te groei en te leer terwyl ons in ons gemaksone sit.

Wees 'n - "Waterwandelaar"

Matteus 14:29 KOM! sê Hy. Petrus het uit die skuit geklim, op die water begin loop.

Dit is onmoontlik om te groei en te leer terwyl ons in ons gemaksone sit. Jou drome sal drome bly!

> *Ons sou God se plan vir ons lewe gemis het, as ons nie gehoorsaam was en in geloof die Ark binne gegaan het nie! Die Ark is regtig nou nie die gerieflikste plek nie, maar dit is waar ons moet wees!*
> *Mev. Noag*

Petrus wou ervaar wat Jesus ervaar en wou dit so erg hê dat hy dit gedoen het... hy het uit sy gemaksone getree. Dit wat vir hom bekend was het hy verruil vir dit wat onbekend is! Hy het op die water begin loop - die onbekende en onmoontlike! Die onbekende is waar drome gemaak word, dit is 'n plek waar drome waar word en die lewe gebeur!
Gemaksone is weer 'n plek waar drome sterf en die lewe stilstaan.

Terwyl ons binne ons gemaksone bly, sal drome net drome bly. In ons gemaksone bereik ons nooit ons doelwitte nie, ons verleng ons deurbrake en ons bucket list bly on-afgemerk teen die aansteekbord!
Toe Jesus vir Petrus sê: "Kom," het Petrus in die woorde van Jesus geglo en het hy die onmoontlike begin doen.

Sagaria 4 – Nie deur mag of krag nie, maar deur My gees!

Petrus het goed gedoen totdat hy sy oë van Jesus afgehaal het.

Mattheus14:32 En toe hulle IN die skuit klim, het die wind gaan lê.

As daar probleem opduik – en dit gebeur meer as gereeld – moet ons dapper genoeg wees om voort te gaan. Alhoewel dit geriefliker en veiliger sal wees om net weer in ons ou roetine (gemaksone) terug te gaan, maar dit sal net ons doelwitte, drome en bucket list uitstel en dit sal soveel langer vat om iets dan te bereik. Wanneer God vir ons sê om te beweeg, moet ons vertrou dat Hy voor ons sal gaan en die krom plekke reguit maak. Onthou toe Jesus vir Petrus gesê het om uit die boot te kom, was HY reeds daar, Hy was gereed om Petrus te vang!
Die besluit lê by ons en om te groei behels altyd 'n keuse tussen risiko en gemak.

Selfs IN stormwaters van geloof wag Jesus om ons te ontmoet, op maniere wat ons vir altyd sal verander en ons geloof in God sal verdiep.
Maar dit gaan kos – dat ons uit die boot (gemaksone) moet klim! As ons in die boot is en deur lewenstorms gaan, voel dit of Jesus vêr is. Maar Hy is daar, Hy sien en Hy weet!

Jesaja 43:2 As jy deur die water gaan, is Ek by jou; en deur die riviere — hulle sal jou nie oorstroom nie; as jy deur vuur gaan, sal jy jou nie skroei nie, en die vlam sal jou nie brand nie.

Ons is besig om weg te raak tussen die massas! Ons swem stroom op, gryp na grashalms en bereik niks. Ek kan net my voorstel hoe Petrus moes gevoel het, want ek het al baie in my lewe 'n Petrus oomblik gehad! Soms moet ons ons vrees in die gesig staar, die uitdagings omhels en die tree neem.

Mislukking vorm ons nie; maar die manier hoe ons op die mislukking reageer, dit vorm ons.

Ons kan soos die elf dissipels in ons boot bly en 'n geleentheid mis of ons kan soos Petrus uit die boot stap en 'n geleentheid van 'n leeftyd geniet!

Daar is nie 'n beter tyd as NOU om Jesus te vertrou om ons te help om die oorwinning te kry oor die een ding wat ons al so lank in ons gemaksone vas gehou het!

Dit is tyd om los te breek – uit te breek – weg te breek.
Tyd om die mure af te breek!
Tyd om raak gesien te word!
Tyd om 'n leier te word en nie meer 'n volgeling nie!
Tyd om te word wie God ons geroep het om te wees!
Dit is tyd vir nuwe deure om oop te gaan en groter geleenthede om op te duik!

HOOP het Petrus uit die boot gehaal. GELOOF het hom op die water gehou en VREES wou hom sink.

Jesaja 41:10 Moenie bang wees nie, Ek is by jou, moenie bekommerd wees nie, Ek is jou God. Ek versterk jou, Ek help jou, Ek hou jou vas, met my eie hand red Ek jou.

'n Roeping is nie verby totdat ons dood is nie!
Gaan voort! Stap uit die boot!

Ek verlang na iets en iemand wat ek nie ken nie - die onbekende

Josua 1: 3, 7 Elke plek waarop u voetsool sal trap, wat Ek u gegee het, soos Ek vir Moses gesê het... Wees net sterk en baie dapper; wees versigtig om alles te doen volgens die hele wet wat my kneg Moses jou beveel het; draai nie daarvan na regs of links nie, sodat u voorspoedig kan wees en waar u ook al gaan.

God het belowe om aan hulle (ons) die oorwinning oor hul (ons) vyande te gee en hulle (ons) in die land te seën.

> *Noag sê altyd - "Daar waar ons ons voete sit sal ons die seën van die Here geniet,"... ek raak nou opgewonde vir ons nuwe onbekende begin - iewers! As ons net uit die Ark kan gaan!*
> *Mev. Noag*

Wat is ons Beloofde Land?
- Miskien is dit 'n opdrag waarna ons deur God geroep is.
- Miskien is dit daardie droom huis by die see!
- Of miskien is dit 'n ander belofte wat ons van God ontvang het - 'n nuwe werk, 'n lewensmaat of herstel van verhoudinge of 'n genesing.

Maak nie saak wat dit is nie, God sal ons veilig lei na ons bestemming - en ook Sy bestemming in ons lewe - tensy ons Sy instruksies noukeurig nakom. God het ons geroep om sterk en waagmoedig te wees met die wete dat Hy by ons sal wees en ons nooit sal verlaat nie. Al Sy beloftes is "ja en amen," sodat ons kan vertrou dat Hy dit waarvoor ons glo, sal laat gebeur.

Galasiërs 3:29 ... en as julle aan Christus behoort, dan is julle die nageslag van Abraham en erfgename volgens die belofte.

God het 'n verbond met Abraham gesluit lank voor die tog Kanaän toe. Oorwinning is belowe vir die land van melk en heuning... dit moes net geëis word.

Hoeveel keer het ons die Kanaän geleentheid gemis! 'n Opdrag wat ons 10 dae kon vat, neem ons dalk vyf of dalk tien jaar! Dan vind ons dat ons die goeie dinge wat God vir ons beplan, gemis het!

Spreuke 23: 7 Soos 'n man in sy hart dink, so is hy!

Dit alles begin by ons gedagtes - dit is nie ons voete wat ons 'n Kanaän geleentheid laat mis nie! As ons op die negatiewe gefokus is, maak nie saak hoe ons in ooreenstemming met God is nie, sal ons daardie ingang van Kanaän keer op keer mis totdat ons ons gedagtes vernuwe!

Waaraan dink ons elke dag?
Leef ons die soort lewe wat ons binne dae of maande in die Beloofde Land kan ingaan?
Wel as ons jare lank gesukkel het om vooruit te kom en ons nie veel geluk gesien het nie, mag dit ons nog langer vat a.g.v. vrees en negatiewe denke!

Jeremia 29:11. Want ek ken die planne wat ek vir u het.' God sê. 'Planne vir goed, nie vir kwaad nie, om jou 'n lewe, 'n toekoms en 'n hoop te gee.

God het 'n beloofde land vir ons en Hy wil hê dat ons die verbond met Hom opneem wat Hy met ons het. Ons Kanaän kan die hernuwing van 'n huwelik wees, inkeer van ons kinders, vrymaking van bindinge, genesing van siekte en verhoudinge!

Net God weet wat daardie Kanaän vir ons is!

Maar ons weet dat dit God se hart is om ons die beloofde land te sien ingaan!!

Oorwinning is ons sin - dit moet net geëis word.

Hier te lank en daar te kort!

Galasiërs 1:10 Want soek ek nou die goedkeuring van die mens of van God? Of probeer ek die mens behaag? As ek nog steeds die mens probeer behaag, sou ek nie 'n dienaar van Christus wees nie.

> *Dit was 'n gemeet, gesaag en gekap om hierdie ark te bou – Jy moet dit soos volg maak: die lengte van die ark moet honderd vyf en dertig meter wees, sy breedte twee en twintig en 'n half meter en sy hoogte dertien en 'n half meter.*
> *- Die Ark*
> *Mev. Noag*

Ek het vir jare gewonder oor my waarde. Hoe weet ek wat die moeite werd is, en hoe weet ek dit voordat dit te laat is?

Weet ons werklik wat ons werd is?

Jeremia 31:3 Die Here het aan my verskyn uit die vêrte: Ja, Ek het jou liefgehad met 'n ewige liefde; daarom het Ek jou getrek met goedertierenheid.

Eie-waarde is hoe ons onsself waardeer. Dit is nie gebaseer op wat ander van ons dink of die dinge wat ons gedoen het (of nie gedoen het nie) – dit kom van binne.

2 Korintiërs 10: 12 Nie dat ons dit waag om ons self te klassifiseer of te vergelyk met sommige van die wat hulself prys nie. Maar wanneer hulle hulself aanmekaar meet en hulself met mekaar vergelyk, is hulle sonder begrip.

Maar dit is so maklik om te vergeet dat ons waarde nie deur buite kragte bepaal word nie. Dat ons voortdurend ons waarde meet, maar dat ons dikwels nie bewus is van hoe ons dit doen nie. Soms is dit deur ons loopbane, ons voorkoms, ander kere deur ons verhoudings. As dit kom by die meeting van eiewaarde, gebruik ons altyd iets onbetroubaar! Ons dink miskien nie eers bewustelik aan watter soort maatband ons gebruik om ons eiewaarde te meet nie. Ons voel goed om onsself te meet maar as ons voel dat ons te kort gekom het, val ons selfbeeld waarskynlik af.

Ons meet ons waarde aan die regmerkies op ons taak lys, die aantal "likes" op ons Facebook posts, "comments" op ons Instagram-pos. Hoe ons ons waarde meet, beïnvloed die soort lewe wat ons leef. Die beste maatband wat ons kan gebruik, is die een wat ons beheer. Gebruik 'n maatband gebaseer op faktore wat ons kan beheer - nie die eksterne gebeure in ons lewe nie!

As ons weet wie ons is – en ons is tevrede met die persoon wat ons geword het – ervaar ons 'n gevoel van vrede deur die onvermydelike op- en afdraandes van die lewe. Ons sal in onsself glo, ongeag of ons afgedank is, 'n egskeiding ondergaan het of versuim het om 'n bevordering te kry.

Romeine 12: 2 Moenie aan hierdie wêreld gelykvormig wees nie, maar word verander deur die vernuwing van u gedagtes, sodat u deur te toets wat die wil van God is, wat goed en aanvaarbaar en volmaak is.

Ek het hierdie les op die moeilike manier geleer. Ek het altyd gevoel dat ek myself as waardig vir almal moet bewys. Ek het dinge gedoen wat ander gelukkiger gemaak het as wat dit my gemaak het. Ek het dit so gereeld gedoen. Gelukkig het ek vroeg genoeg besef dat hierdie maatband my teleurstel. Ek het besluit dat wat my gelukkig maak meer saak maak as om ander te behaag. Ek is nog steeds besig om daar aan te werk, maar ek probeer nou my eiewaarde meet aan die hand van my eie gevoel van myself, eerder as hoe ander mense my waarneem. In plaas daarvan om dinge na te jaag wat jou selfbeeld tydelik verhoog, meet jou eiewaarde aan wie jy is!

Ons werk definieer nie wie ons as persoon is nie. As ons nie 'n miljoen Insta-volgelinge of Twitter-heruitslae het nie, kan dit voel asof daardie nommer ons waarde bepaal.

As ons - hoe ons lyk wil verander, moet ons dit vir onsself doen. Weet dat ons liggaamlike voorkoms nie die waardigheid van ons behoort te definieer nie. ONTHOU net 'n bietjie, 'n pragtige liggaam of 'n mooi gesig sal nie vir altyd duur nie!

Ek was skuldig daaraan dat ek myself konstant vergelyk het met ander, maar ek het geleer dat ek in my eie baan moet manifesteer – en dit moet jy ook wees. Ons doen ons - manifesteer in ons eie baan. Soms kan ander ons verbygaan op hierdie weg wat die lewe genoem word, en dit is OK.
WEES NET!

Dit is nie nodig om onsself te slaan as ons iets nie kan doen nie? Goed gebeur, maar weet dat ons vir seker die moeite werd is om enigsins te probeer - nie hoe vinnig ons 'n doelwit kan vermorsel nie.

Die feit dat ons nog enkellopende is beteken nie dat ons nie waardig is vir liefde of om lief gehê te word nie

– dit beteken maar net dat ons onsself eers moet leer liefkry of liefhê.

Die geld (of 'n gebrek daaraan) in die Bank of ons nou 'n miljoenêr is of nie veel in ons beursie het nie, ons geld bereken nie ons waarde nie. Waarde is tot ons beskikking. Ons is waardig omdat ons sê dat ons waardig is en omdat ons dit glo.

Kyk binne, en glo dat jy genoeg is.

Galasiërs 6: 4 Maar laat elkeen sy eie werk toets, en dan is sy rede om te roem in homself alleen en nie in sy naaste nie.

Ons waarde daal nie op grond van iemand se onvermoë om ons waarde te sien nie. – Onbekend

Tevredenheid

Ons is geleer om te glo dat tevredenheid gekoppel is aan ons prestasies of om voortdurend meer te kry. Ons basiese waarde is dat *meer is beter.*

Mattheus 5:5 u is geseënd as u tevrede is met wie u is — nie meer nie, nie minder nie.

Ek en Noag het geleer om tevrede te wees, maak nie saak wat met ons gebeur nie. Ons weet hoe dit is om nie te hê wat ons nodig het nie. Ons weet ook hoe dit is om meer te hê as wat ons nodig het. Ons het die geheim geleer om tevrede te wees, maak nie saak wat gebeur nie. Ons is tevrede of ons genoeg het om te eet of nog honger is. Ons is tevrede of ons meer as genoeg het of nie genoeg nie.
Ons is tevrede want in HOM het ons vrede!
Mev. Noag

Ons glo dat ons sal meer gelukkig wees as ons trou, of ons sal meer tevrede wees as ons 'n tweede kind het, of nog meer tevrede as ons huwelik of ... en so sal die lys kan aangaan. Die probleem met hierdie dink is dat die lys net langer en vereistes groter word. Omdat daar geen einde aan ons begeertes is om meer te hê of te doen nie, sal ons nooit tevrede wees nie.

Jesus het gesê: Jy is geseënd as jy tevrede is met wie jy is, nie as jy wil word soos jy altyd wou hê jy kon wees nie.

Wie ons is en wat ons het, is 'n geskenk van God. Ons moet dankbaar en tevrede wees dat ons is wie ons is, en het wat ons het.

Ongelukkig is die waarheid dat meer en meer nooit tevredenheid kan bring nie, en om minder en minder te begeer, kan ook nie. Gebrek aan tevredenheid plaas ons in 'n desperate toestand, en 'n desperate persoon kan alles doen, veral negatiewe dinge.

Voorspoed het nie die krag om ons tevredenheid te gee nie, en armoede het ook nie die mag om dit weg te neem nie. Ware betekenis van tevredenheid is om tevrede te wees met wat ons het en wie ons is.

Tevredenheid is 'n houding wat ons leer en nie 'n ding wat ons bereik nie. Ons leer om tevrede te wees ongeag ons omstandighede. Almal kan leer om tevrede te wees met wie hy/sy/ons is, en wat ons doen. 'n Intieme verhouding met Jesus Christus, leer ons ware tevredenheid. Vrede om onsself te wees, kan nie met iets vergelyk word nie. Die vrede om nie om te gee wat iemand dink nie, maar eenvoudig voort te gaan om ons eie lewe te lei, is ondenkbaar. Ons besef nie hoe belangrik innerlike vrede is voordat ons dit verloor nie. As ons dit verloor, val ons hele wêreld uitmekaar.

Filippense 4:11-13 ek kan alles doen deur die krag van Christus. Hy gee my krag.

Deur tevrede te wees met wie ek is, raak ek tevrede met wie Hy is. Deur tevrede te wees, dra ek tevredenheid oor aan ander.

Dance me till the end of time...

> *Hoe hul geleef het, wat hul gesê het was goddeloos! Daar was hoegenaamd geen standvastigheid in hul lewens nie. Hulle het afgedwaal van die waarheid! Dit was egter te laat!*
> *Mev. Noag*

Soms het ons nodig om te hoor dat ons gebroke en onvolledig is en 'n identiteit nodig het. Miskien met die aanhoor daarvan leer ons sommer ook wat standvastig en standvastigheid beteken.

Ons kort standvastigheid, sodat ons nie elke keer uitmekaar val as die storms in ons lewens losbreek nie.

Jesaja 26:3 U sal volmaakte vrede hou vir wie se gedagtes standvastig is, omdat hy op U vertrou.

Standvastigheid - bring 'n rustige, onwankelbare geloof en 'n onveranderlike karakter na vore.
Standvastig is 'n sagte krag aangevul deur nederige stilte!
Wow stilte wat ons soms nie beskore is nie!
Om 'n standvastige vrou/man te wees beteken ons het twee "goed" nodig! IDENTITEIT en FOKUS.

IDENTITEIT - om te weet wie God sê ons is en hoe Hy ons sien. Dit beteken dat ons alle stemme in ons lewens, moet stilmaak en na Sy stem moet luister en ons "waarde" slegs by Hom moet soek.

FOKUS - om seker te wees waarop ons ons oë rus. As ons ons oë altyd op Hom gerig hou, sal ons die wysheid en antwoord hê wat ons kort kom. As ons op God fokus en op die onsigbare planne wat Hy vir ons lewe het, sal ons nie verslaan word deur die aanvalle van die vyand nie (aanvalle wat vrees, bekommernis, desperaatheid en hopeloosheid bring).

Om standvastig te wees, beteken nie dat ons nou gevoelloos en onredelik moet wees nie. Dit beteken ons kan uiteindelik nou ons emosies omhels. Die WAARHEID waarna ons moet terugkom … is wat ons in Christus het.
GELOOF, HOOP, en LIEFDE dit is waarop ons altyd kan staatmaak.

GELOOF - om die onbekende in die gesig te staar, want al ons eie planne het nie geslaag nie. Ons kan in geloof vorentoe gaan, want niks is onbekend aan God nie.

Efesiërs 3:20 En aan Hom wat mag het om te doen ver bo alles wat ons bid of dink, volgens die krag wat in ons werk.

GELOOF - in 'n God wat ons NOOIT sal verlaat nie en ALTYD met ons sal wees.

Deuteronomium 31:8 En dit is die Here wat voor jou uit trek; Hy sal met jou wees; Hy sal jou nie begewe of verlaat nie; jy mag nie bevrees of verskrik wees nie.

HOOP - dit is altyd voor ons. Dit sal ons nooit teleurstel nie en ook nooit ontbreek nie, want God is die bron van hoop.

Romeine 5:5 en die hoop beskaam nie, omdat die liefde van God in ons harte uitgestort is deur die Heilige Gees wat aan ons gegee is.

LIEFDE - duur tot in ewigheid.

Jesaja 26:3 U sal 'n standvastige gesindheid in volle vrede bewaar, want hulle vertrou op U.

Ons moet altyd onthou wie God is en wie ons in Hom is.
Ons siel sal standvastig wees, want dit sal rus in Sy waarheid!

'n Standvastige vrou/man is 'n iemand met vrede.
Ons het 'n seisoen van onstuimigheid en verandering deurgemaak wat dalk nog nie heeltemal reg en uitgesorteer is nie, maar te midde van al die chaos het ons dalk "meer" selfvertroue gevind. God het in al ons behoeftes voorsien, ons paaie gerig op maniere wat nie altyd sin maak nie. Maar Hy weet! As ons aanhou groei in Christus, sal ons 'n standvastige geloof hê, een wat standvastig sal bly, ongeag die uitdagings wat die lewe op ons pad gooi.

Psalm 51:12 Skep vir my 'n rein hart, o God, en gee opnuut in die binneste van my 'n vaste gees.

Ek wil vol vertroue bly in die belofte wat in *Filippense. 1 6 staan - om dat ek juis hierop vertrou, dat Hy wat 'n goeie werk in julle begin het, dit sal voleindig tot op die dag van Jesus Christus.*

Dalk het ons 'n paar uitdagings in ons huwelike. Weet die Here is tot daarin getrou om ons deur baie beproewinge te sien en om ons te help om die vordering en deurbrake langs die pad raak te sien. Ons sal nie paniekerig raak as daar konflik kom nie, so ook nie meer die leuens van die vyand glo dat ons huwelik nooit sal werk of dat ons maar kan ophou probeer!

1 Petrus 5:10 EN mag die God van alle genade self, wat ons geroep het tot sy ewige heerlikheid in Christus Jesus, nadat ons 'n kort tyd gely het, julle volmaak, bevestig, versterk en grondves!

Om standvastig te wees in ons huwelike beteken dat ons gedurende moeilike seisoene nie sal vrees nie, maar dat ons 'n vaste versekering het dat ons nie alleen is nie, en ons sterker daar sal uitstap! Ons sal aanhou om die goeie werk te doen om 'n vrou/man te word na God se hart.

Galasiërs 6:9 Laat ons nie hart verloor deur goed te doen nie, want op die regte tyd sal ons maai as ons nie moeg word nie.

Ons sal met vertroue groei in dit wat God in ons belê het, sodat ons nie onsself sal vergelyk of goedkeuring van buite sal bly soek nie.

Psalm 57:7 My hart is standvastig, o God, my hart is standvastig; Ek sal sing, ja, ek wil lofliedere sing!

Ons moet soos die Spreuke 31-vrou word wat nie die toekoms vrees nie, maar moeilikheid begroet met 'n onwrikbare geloof.

Jesaja 26:3 U sal 'n standvastige gesindheid in volle vrede bewaar, want hulle vertrou op U.

Dit is my begeerte, om 'n vrou te wees wat standvastig van harte is, getrou aan Jesus en my gesin.
Ek wil die soort standvastige vrou wees wat op Christus vertrou, eerder as op my eie insigte.
Ek wil die gawes gebruik wat Hy my gegee het tot Sy eer.

*Ek wil standvastig wees oor, op en in elke aspek van
my lewe.*

Stilte – Hoor - Luister

My beste vriendin op hoërskool het geluister en onthou, ek het gepraat en vergeet.

Ek dink sy het my beter geken as wat ek gedink het sy doen. 'n Goeie les wat ek uit ons vriendskap geleer het was luister! 'n Goeie vriendskap behels om na te dink oor die woorde van die ander persoon.

> *Ek en Noag geniet die laataand stilte om ons. Dit is nou al 'n gebruik by ons, om die stilte te benut en te luister na God se stem.*
> *Mev. Noag*

Stilte skep ruimte vir iemand anders om te praat.

Psalm 46:11 Wees stil en weet Ek is God! Ek sal vereer word deur die nasies, verhewe wees oor die hele aarde.

(Haastige hond verbrand sy mond.)

Ek het baie met my mond op die vlug geslaan, maar dit het die geestelike transformasie vertraag wat God in my gedoen het. God wil hê dat ek my hart vir hom uitstort. My *2-minute noodle* -gesprek gee Hom nie die vryheid om my Sy hart te wys nie. Die waarheid is dat God verlang na 'n verhouding met ons en nie na 'n godsdiens met ons nie. Hy ken die innerlike werking van ons hart, maar wil hê dat ons Hom moet nooi. Hy staan by die deur en klop, maar wag dat ons antwoord.

Openbaring 3:20 Kyk, Ek staan by die deur en Ek klop. As iemand my stem hoor en die deur oopmaak, sal Ek by hom

Soms nooi ons Hom in, maar lei Hom gou weer by die
deur uit. Ons het wysheid nodig, maar ons neem nie
die tyd om dit te ontvang nie. Ons het aanmoediging
nodig, maar wag en luister nie na Sy bemoedigende
woorde nie.

*Psalm 51:12 Skep vir my 'n rein hart, o God, en gee opnuut
in die binneste van my 'n vaste gees.*

*Kom naby en ken die fluister van God se kragtige
stem.*

Ons moet gebruik maak van alleen oomblikke, of dit
vroeg in die oggend, laat in die nag of selfs as ons in
die verkeer sit. Dit gaan nie daaroor om jou gedagtes
leeg te maak nie, dit gaan oor soveel meer! Biddende
innerlike stilte. Dit is 'n gemoedstoestand en hart
meer as wat dit 'n plek is. Dit is soos 'n geheime
heiligdom waarin jy saam met God in Sy
teenwoordigheid sit. Alles wat ons is, vloei uit Hom, vir
Hom, deur Hom en na Hom toe.

Ons hulpeloosheid word 'n kanaal vir die krag van God
om deur ons lewens te vloei. Ware krag lê in volkome
afhanklikheid van God. God openbaar Homself in ons
afhanklikheid van Hom, en die krag wat ons elke dag
moet leef, giet uit God se hart in ons s'n.

Rus stil jou hart.

'n Rustige hart weet dat dit veilig is ondanks die
onsekerhede wat in ons lewens loer.

Die rustende hart openbaar sy vertroue in God, maak nie saak wat hy voel nie.

Die hart van rus weet dat die omstandighede dit nie definieer nie, maar dat God dit deur 'n seisoen lei.

Gebede lei ons hart tot rus. God se stem is die hardste as ons stem die stilste is.

In die oorgawe kry ons krag.

In ons hulpeloosheid kry ons 'n groter begrip van wie ons in Christus is.

In die rustyd kry ons die geleentheid om te beweeg wanneer Hy sê om te beweeg, en die vrede om stil te wees wanneer Hy sê om stil te wees.

- Kom nader.
- Stil jou woorde.
- Luister met jou hart.
- Ken die fluister van God se kragtige stem.

Ek is 'n vrou op reis na heelheid deur gebrokenheid. Ek glo dat my persoonlike verhouding met Jesus nie my verlede "hoef" te regverdig nie, maar eerder my toekoms bepaal. My grootste hartsbegeerte is om te sien hoe ons elk hierdie God-lewe leef met al die krag en genade wat God bied!

Vrouwees is 'n fees!

Psalm 139:14 Ek wil U loof, want U het my op 'n wonderbaarlike wyse geskep. Wat U gedoen het, vervul my met verwondering. Dit weet ek seker.

> *Die Here het vir my 'n goeie man gegee. Noag is en was nog altyd net goed vir my. Hy laat my toe om MY te vier!*
> *Mev. Noag*

Die werklikheid is dat ons in 'n vinnige wêreld leef. Ons word geleer dat prestasie beteken dat ons soveel doen op 'n dag as wat ons kan doen. Te veel van ons neem egter nie die tyd om oor ons prestasies na te dink nie. Wanneer was die laaste keer dat ons stilgehou het en 'n oomblik geneem het om onsself te vier en te beloon?

Een van ons werke hier op aarde is om te leer hoe om onsself te vier, en dit kan uitdagend wees, want ons word geleer om klein te bly en alles voorop te stel - ons werk, ons kinders, ons eggenoot, die hond, die wassery ... As ons klaar is met al ons take, is daar geen tyd of energie vir ons nie. Maar tensy ons onsself eer, lief het en versorg, sal ons nie die interne en eksterne hulpbronne hê om vir ander te sorg nie. Sonder om te wag, begin die lewe voel asof ons op 'n hamsterwiel hardloop en gedraai word van een ding op ons taaklys na die volgende. Seker dat ons belowe om onsself te beloon met 'n warm bad, 'n fliek of 'n goeie boek en 'n koppie tee, maar in plaas daarvan val ons weg met die volgende projek.

Daar is 'n rede dat wanneer ons vlieg, ons die opdrag kry om ons eie suurstofmasker eerste aan te sit. As ons nie asem kan haal nie, kan ons niemand help om onsself in te sluit nie.

As ons voortdurend DOEN en nie IS nie, sal ons al die mooi oomblikke in die lewe mis. Dikwels neem ons die lewe te ernstig en raak ons so geheg aan die finale uitkoms dat ons vergeet om die reis te geniet. Dit is wonderlik om ambisieus te wees; die sleutel is egter om 'n ingesteldheid te ontwikkel wat ons in staat stel om groot dinge in die lewe na te streef, sonder om die klein dingetjies wat die lewe die moeite werd maak, op te offer.

Neem elke dag 'n oomblik, stop wat jy doen, vier en geniet die oomblik. Die lewe is nie 'n wedloop nie. As ons leer om vreugde te vind op die reis, voel die bestemming des te meer die moeite werd.

Om onsself te vier beteken om tyd te neem om opreg dankbaar te wees vir ons lewe. Ongelukkig is dit maklik om kontak met dankbaarheid te verloor. Baie mense is so gefokus om die hoogtes van die lewe te vier, dat hulle geneig is om die klein dinge in die lewe wat hulle die meeste vreugde verskaf uit die oog verloor. Om ons lewe elke dag te vier is 'n manier om 'n dankbaarheidshouding te ontwikkel wat ons hele perspektief op die lewe kan verander.

Hoe meer ons onsself vier, hoe meer verhoog ons vertroue. As ons dit doen, vertel ons die wêreld dat ons onstuitbaar is, wat dan meer positiwiteit in die lewe uitlok! As ons vertroue uitstraal, inspireer dit ander om ook selfversekerd te wees.
Moet nie jouself ontneem van seëninge nie.
Wees trots op wie jy is en wat jy bereik het.

Jeremia 1:5 Voordat Ek jou in die moederskoot gevorm het, het Ek jou geken; en voordat jy uit die liggaam voortgekom het, het Ek jou geheilig; Ek het jou tot 'n profeet vir die nasies gemaak.

Neem 'n oomblik en dink oor wat jy bereik het.
Om onsself lief te hê, beteken om die bestaan van wie ons is, te vier. Ons moet onsself in ag neem.

Ons verdien dit.

Jesaja 43:1-2 Luister, so sê die Here wat jou geskep het, Jakob, wat jou gevorm het, Israel: Moenie bang wees nie, Ek verlos jou, Ek het jou op jou naam geroep, jy is Myne. As jy deur water moet gaan, is Ek by jou, deur riviere, hulle sal jou nie wegspoel nie; as jy deur vuur moet gaan, sal dit jou nie skroei nie, die vlamme sal jou nie brand nie.

Neem dus vandag tyd om jouself te vier. Gee jouself krediet wanneer jy iets bereik.
Selfs die klein goedjies tel. Sit die ketel aan!

Deur onsself te vier, verhoog dit ook hoe ons onsself waardeer, wat ons in staat stel om meer suksesvol te wees in die lewe.

Jesaja 49:16 Ek het jou naam in my handpalms gegraveer, Ek sien jou mure altyd voor my.

Daar is 'n uitnodiging met jou naam op!

Die woord van God herinner ons in Psalm 23 dat Hy 'n tafel vir ons dek voor ons vyande!

Lockdown/Covid het sy tol geëis by soveel families. 2020 sal vir seker 'n jaar wees waaroor baie sal praat of eerder sal wil van vergeet. 'n 6-jarige klein lyfie het totaal opgehou praat. (Dit was nie haar keuse nie) - Trauma is 'n leuenaar.

Twee weke terug het ek haar gesien - geen woord en vol vrees! Ek nooi haar om weer te kom "kuier" vir 'n koek en tee! Kopskuddend met wildsbokkie oë is sy by my weg. Gister in my stiltetyd hoor ek - "berei 'n tafel voor en kom sit aan"

Mev. het heerlik gekoek en tee. Haar teekoppie loop oor!
Die res ... die res is geskiedenis!

Psalm 23:5 U berei die tafel voor my aangesig teenoor my teëstanders; U maak my hoof vet met olie; my beker loop oor.

Weet dat ONS 'n plek ('n VIP) plek aan God se tafel het, klaar gedek - gereed. Ons kan net gaan aansit!!
Die seëninge wat aan die tafel van God wag, is selfs opwindender en oorvloediger as 'n dankseggingstafel. As ons nie luister, sal ons nie eens weet dat ons uitgenooi is nie, sal ons nie aansit nie, en ons sal dus

nie feesvier op die banket van seën wat Hy vir ons voorberei het nie!

Wat staan op die menu aan God se tafel?
Ons sal 'n antwoord vind op elke behoefte, die vervulling van elke begeerte en die hulp van elke goeie ding - ons sal die seën van die Here vind.
As ons ons plek aan tafel van God inneem, bevat Sy spyskaart hulp van genade, genesing, vrede en oorvloed, en dit is alles vir ons om te proe en te sien dat die Here goed is.

Psalm 34:9 Tet. Smaak en sien dat die HERE goed is; welgeluksalig is die man wat by Hom skuil!

Genade aan die tafel!
Toe God, ons Verlosser, Sy liefde geopenbaar het, het Hy ons gered, nie as gevolg van die regverdige dinge wat ons gedoen het nie, maar vanweë Sy barmhartigheid.

Titus 3:3 Vroeër was ons ook onverstandig, ongehoorsaam, op die verkeerde pad, verslaaf aan allerlei begeertes en singenot; ons het ons lewe in kwaadwilligheid en jaloesie deurgebring; ons was haatlik en het mekaar gehaat. 4 Maar toe het die goedheid van God ons Verlosser en Sy liefde vir die mens verskyn. 7 So is ons dan deur Sy genade vrygespreek en het ons erfgename geword van die ewige lewe wat ons verwag.

By elke goeie "aansit ete" is daar altyd 'n hoofgereg. Die voorgereg, bykos en nagereg is bedoel om die hoofgereg aan te vul. Normaalweg sou ons lekker filetsteak of hoender as hoofgereg gesit het ... maar aan God se tafel is die hoofgereg GENADE.

'n Eenvoudige definisie van God se genade is "God se onverdiende guns."

Ons glo dalk dat ons nie 'n plek aan God se tafel verdien nie, dus daag ons nie eers op nie. Maar die betekenis van genade gee elkeen 'n reg en 'n plek aan God se tafel. God probeer al jare om ons aan Sy tafel te kry, maar ons bly tevrede met die krummels. As ons die betekenis van God se genade waarlik verstaan, sal ons nooit weer dieselfde wees nie, en ons sal nie huiwer om aan die tafel van God te gaan sit nie.

As ons bly leef in vrees en twyfel, sal ons nie die fees geniet nie! Om ons plek aan die tafel te neem, moet ons God se beloftes aangryp en ten volle oortuig word dat wat Hy beloof het, aan ons behoort. Ons het 'n verbond met God, daarom kan ons nou maar ophou om te praat oor hoe onwaardig ons is en 'n hoop genade neem wat aan ons behoort!

Jesaja 53:5 Maar Hy is gewond weens ons oortredinge, Hy is gekneus weens ons ongeregtighede; die tugtiging vir ons vrede was op Hom, en deur Sy strepe is ons genees.

As ons 'n feesmaal tuis bedien, verwag ons tog dat almal wat ons genooi het, sal opdaag en saam met ons dit kom geniet wat ons voorberei het!

Aan die tafel van God is genesing! God gee nie genesing vir sekere mense, terwyl hy dit weerhou van ander. Nee, Hy is 'n goeie God!

Genesing is vir almal wat dit wil hê! Jesus het gesterf sodat ons genesing kan kry! (Gees, Siel en Liggaam.)

Petrus 2:24 sê dat Jesus "self het ons sondes in Sy eie liggaam op die boom gedra, sodat ons, as ons aan sondes gesterf het, kan lewe vir geregtigheid - deur wie se strepe u genees is."

Genesing is reeds vir ons voorsien, en al wat ons hoef te doen is om dit te neem! As ons wag en twyfel, sal ons dit nie ontvang nie.
Hy het die SEËN van genesing op die tafel voor ons neergelê.

Ons kan nie toelaat dat dit by ons verbygaan nie!
Neem en eet!!!

Daar is Vrede aan die tafel!

Spreuke 3:1-2 My seun, vergeet my wet nie, maar laat u hart my gebooie onderhou; vir dae en lang lewe en vrede sal hulle u bydra.

Die vrede verwys na 'n lewe wat in alle opsigte goed en bevredigend is. Dit is die soort lewe wat ons almal wil hê, en dit is die soort wat ons kan hê as ons aandag gee en gehoorsaam is aan die Woord van God!

Ons moet nie toelaat dat satan ons vrede met angs en vrees vervang nie. Ons moet nie tevrede wees met die 'waardes' van die wêreld wat gevul is met angs en wat direk in stryd is met die Woord van God nie. Leef in 'n huis vol liefde en vrede - net soos God dit bedoel het.

Daar is Oorvloed aan God se tafel.
'n Goddelike en gelukkige huwelik, gesonde kinders, gemoedsrus - dit is die seën van oorvloed!
God het aan ons tafel 'n ete vol oorvloedige seëninge voorberei. Hierdie seëninge gaan egter nie net in ons skoot val nie. Ons moet gewillig wees - sowel as gehoorsaam - as ons die beste van God se tafel wil eet.

Wees dus gewillig!

Weier om in gebrek te leef, maar wees gewillig om in goddelike voorspoed en oorvloed te leef.
Weier om toe te laat dat satan die vloei van God se finansiële seëninge vir ons stop.

Filippense 4:19 En my God sal in elke behoefte van julle ryklik voorsien volgens Sy wonderbaarlike rykdom in Christus Jesus.

Dit is tyd vir 'n "kingdom mind" dat ons "hemelekonomie leef" en nie die "aarde se ekonomie" nie - in die hemel is daar altyd meer as genoeg.

Daar wag 'n #Uitnodiging met jou naam op, om te kom eet - "Sit aan Sy tafel".

Sy begeerte is dat ons moet deelneem aan alles wat Hy ons voorgehou het. Dit is tyd om ons plek by die tafel van die Koning in te neem.

Psalm 23:5 U berei 'n tafel voor my aangesig voor my vyande; U salf my hoof met olie; my beker loop oor.

Wat ook al die die situasie is wat ons vandag in die gesig staar, kom - sit aan tafel van God - en ervaar Sy krag, voorsiening en oorwinning oor elke situasie. Hy nooi ons uit om saam met Hom te kom eet aan tafel wat Hy net vir ons voorberei het.
Die tafel van God - dit is 'n fees van oorvloed in die dal van die doodskaduwee.

Wees nie bevrees - Moet ook nie vrees nie, want die tafel is vol. Kom eet.

Jesus is gister, vandag en tot in ewigheid dieselfde.
Sy begeerte is dat ons moet deelneem aan alles wat Hy ons voorgehou het.

Dit is tyd om ons plek by die tafel van die Koning in te neem.

Proe jy God se genade?

Ek is

Ek is en was nog nooit 'n "adrenalien junkie" of 'n "dare-devil" nie. Ek het selfs nooit onder groepsdruk geswig nie ... of het ek al?

Ek is gebore 'n "pom-pom girl"... 'n regte "cheerleader". Die ou wat eerder langs die kant staan en ander aanmoedig! - "Na die wenpaal en reg oor die wenstreep!"

Jakobus 1:4-8 Julle moet egter enduit volhard. Dan sal julle julle lewensdoel bereik en geestelik gesond wees.

Om enduit te volhard is soms "vrek" moeilik en dan wil ons deur en in dit alles opgee!

Romeine 12:12 Verbly julle in die hoop; staan vas in verdrukking; VOLHARD IN GEBED.

Volhard in die gebed. Bid terwyl julle geestelik waaksaam en dankbaar is. – Kolossense 4:2

Volharding is vir seker nie 'n skietgebedjie hier en daar nie.

Paulus sê in Rom. 5:3–5 verheug ons ook in die swaarkry, want ons weet: swaarkry kweek volharding, en volharding kweek egtheid van geloof, en egtheid van geloof kweek hoop; en die hoop beskaam nie, want God het Sy liefde in ons harte uitgestort deur die Heilige Gees wat Hy aan ons gegee het.

Dit is wel so dat ons meer bid wanneer dit moeilik gaan. Daarom moet ons dalk bly wees oor nou se "swaarkry", want wanneer ons "swaarkry", "dwing" dit ons op ons knieë, omdat ons besef dat ons werklik niks aan ons situasie en omstandighede kan verander nie.

Hierdie volharding in gebed versterk ons geloof en dit laat ons vashou aan die hoop wat in ons harte leef en bring ons nader aan God! Wanneer ons bid sonder ophou en onwrikbare vertroue in God se beloftes het, is die voordele baie. Ons ervaar die goedheid van God wanneer ons met Hom gemeenskap het.
Gemeenskap beteken kwaliteit tyd met Hom.

Kom ons wees 'n Pom Pom girl vandag, daai "cheerleader" wat iemand nodig het! Waar ons mense om ons bemoedig en aanmoedig! Volhard in gebed!

Romeine 12:12
Verbly julle in die hoop; staan vas in verdrukking; VOLHARD IN GEBED.

Maak nou die brandhout bymekaar vir die
onverwagse koue dae!

Skoenmaker skoenmaker wat sal ek doen?

Nadat ek n vorige keer genoem het "skoenmaker hou jou by jou lees" het ek myself voorgeneem dit is presies wat ek gaan doen! (practice what you preach) - OF NIE?

Tog....ek het weer geval vir elke liewe ou reseppie wat die tannies van Pofadder tot Gravelotte op Facebook geplaas het, tot groot vermaak vir my gesin en groot frustrasie vir myself.

> Ons kon nie – ons kon net nie, soos die volk optree nie. Ons kon nie doen wat hulle so maklik vind om te doen nie! Ons voete rus op die ewige rots! -Mev. Noag

Eerstens my gebak lyk nie soos die Tannie van Pofadder sin nie en tweedens my gebak lyk ook nie soos die tannie van Gravelotte sin nie.

Gister het ek weer so oulike reseppie probeer... wat nie vir my uitgewerk het nie - alles het in die drom beland.

Back to basics - terug na "Kook-en-Geniet" resepteboek!!

Dit is nie te sê, dat as die resep vir een of 5 werk dit vir jou gaan werk nie! Ander se idees is nie altyd die beste nie!

1 Samuel 17:38 En Saul het Dawid sy klere laat aantrek en 'n koperhelm op sy hoof gesit en hom 'n pantser laat aantrek.
39En Dawid het sy swaard bo-oor sy klere vasgegord, en toe hy moeite doen om te loop, omdat hy dit nooit probeer het nie, sê Dawid vir Saul: Ek kan nie hierin loop nie, want ek het dit nooit probeer nie. En Dawid het dit uitgetrek.

*Ons hoef nie ander se resepte te probeer as ons gewoond en vertroud is met "Kook en Geniet" se resepte nie.
*Wat vir iemand anders werk sê nie dat dit vir my en jou sal werk nie!!
*Jy ken jouself die beste.
*Jy weet waarvan jy hou en waarvan jy nie hou nie.
*Ander se resepte (idees/invloed) kan jou duur te staan kom.
*Dit is ook nie te sê omdat ek en jy albei 'n nommer vyf skoen dra, jy gemaklik in my skoene sal wees nie.

#37Verder sê Dawid: Die Here wat my gered het uit die klou van die leeu en uit die klou van die beer, Hy sal my red uit die hand van hierdie Filistyn. Toe sê Saul vir Dawid: Gaan, en mag die Here met jou wees!

Breek los van jou eie gedagtes en opinie van jouself.
Maak jou los van die resepte wat geflop het en jou laat voel het jy is 'n slegte bakster.
Hou op om jouself te vergelyk met die tannie van Pofadder.
Hou by jou eie "Kook en Geniet" resepteboek.

Maak los jou "bolla" en wees die unieke jy wat God geskep het

Elke verleentheid – Skep God in 'n geleentheid

Niemand ken my so goed – soos ek myself ken nie!

'n Mens kyk soms na ander mense en jy dink jy weet wat jy sien, maar niemand in hierdie wêreld ken my werklik so goed soos ek myself ken nie.

Ek alleen weet van my slegte gewoontetjies en ek weet van my tekortkominge.

Daar is dalk mense wat my baie goed ken, of dalk dink hul ken my. Daar is dié wat al van my gehoor het of wat weet van my. Dan is daar mense wat nog nooit van my gehoor het nie!

"Gister het ek speels iets geplaas, en was verbaas om te sien hoeveel weet (waarvan ek hou)" Jy sien om te weet waarvan ek hou, beteken nie dat hul my "goed" ken nie...
Om iemand te ken moet jy in 'n verhouding met die persoon staan, anders kan jy nie veel oor die persoon sê nie.

So wie ken jou beter as jyself?

Psalm 139 sê...
1 VIR die musiekleier. 'n Psalm van Dawid.
Here, U deurgrond en ken my.
2 U ken my sit en my opstaan; U verstaan van ver my gedagte.
3 U deurvors my gaan en my lê, en U is met al my weë goed bekend.

4 Want daar is nog geen woord op my tong nie — of U, Here, U ken dit geheel en al.
5 U sluit my in van agter en van voor, en U lê U hand op my.

Jesus ken JOU al het jy nie 'n verhouding met Hom nie!

- Hy ken jou naam
- Hy ken elke plan en droom
- Hy ken jou opstaan en lê
- Hy ken jou seerste seer
- Hy ken jou slegte gewoontes en tekortkominge
- Hy ken jou beter as wat jy jouself ken

Moet nie dat mense se opinies en idees van wie jy is of nie is nie, jou weerhou van Jesus.
Moet nie dat jou tekortkominge in jou pad staan nie!

Hy het jou lief net soos jy is!

Vermeerdering

Goeie vriendskap verdubbel jou vreugde en halveer jou hartseer.

Miskien onthou jy nog die ou Hallelujah liedjie "Wat 'n vriend het ons in Jesus."

Het ons al ooit besef wat 'n ware vriend ons in Jesus het. Iemand wat na ons harte luister, sonder enige veroordeling en skinder...
Iemand wat verdraagsaam is! Iemand wat verstaan!
Iemand wat werklik omgee!

Jesus het twaalf dissipels gehad wat Hy self Sy vriende genoem het.

Ons het 'n duur prys betaal vir vriendskap – soveel opofferinge gemaak. Dit was nie alles sleg nie,
daar was goeie dae ook. As hul maar net dieselfde gevoel het. -Mev. Noag

Ware vriendskap gaan oor meer as net koffie en koek, dit gaan ook oor opofferinge en Jesus het daai opoffering reeds gedoen.... "Hy het in ons plek gaan staan."

Johannes 15:15 EK (Jesus) noem julle nie meer diensknegte nie, omdat die dienskneg nie weet wat sy heer doen nie. Maar Ek het julle VRIENDE genoem, omdat Ek alles wat Ek van my Vader gehoor het, aan julle bekend gemaak het.

Hoeveel keer het ons al gesê, hierdie is my beste vriend/vriendin wat ek met my lewe vertrou! REGTIG?? Sal daai beste vriend/vriendin sy lewe vir jou neerlê, of om later uit te vind beste was toe nie beste nie!!

Jesus se vriendskap is nie goedkoop nie... dis duur gekoop met Sy bloed. Hy nooi jou vandag uit na 'n vriendskap met ewigheidswaarde!

Wil jy nie vandag en elke dag hierna dalk net 10min uitkoop vir Jesus nie...
HY VERLANG NA JOU!!!
HY WAG VIR JOU!!!!

JESUS se vriendskap verdubbel jou vreugde en halveer jou hartseer.

*Weerloos, totaal afhanklik! Om te weet en te glo
op dit wat ek nie kan sien nie!*

*1 Korintiërs 16:13 Wees waaksaam, staan in vertroue,
wees dapper, wees sterk!*

In enige situasie hoe benard ookal, is daar altyd 'n keuse en 'n kans vir verandering. Jy kry mense wat hou van uitdagings, ander skram weg van uitdagings. Dinge gebeur soms wat jou lewe tot stilstand ruk! En dan jou lewe in skerwe om jou laat lê!

Om oor te begin beteken nie jy begin altyd by iets nuuts nie. Soms is dit die selfde ding wat jy net 'n kans kry om beter te doen!

*2 Korintiërs 5:7 want ons leef deur vertroue en nie deur
wat ons sien nie.*

Sien is glo ... en dan wil ons kies hoe ons wil glo...
*Ons wil God se goedheid in ons bankbalans sien.
*Ons wil God se seen in gesondheid voel.
*Ons wil God se genade met 'n mes en vurk kan eet
of dalk aantrek.

Maar wanneer dit alles nie gebeur nie dan wankel ons geloof ... ons "sien" is swak!

*Spreuke 3:5-6 Vertrou volkome op die Here en moenie op
jou eie insigte staatmaak nie. Ken Hom in alles wat jy doen
en Hy sal jou die regte pad laat loop.*

"Challenges are what makes life interesting, overcoming them is what makes life meaningful"
Joshua J. Marine

Jy kan kies om uit vrees te lewe, maar dan moet jy weet dat jou lewe een gesukkel en oorlewingstryd bly, of jy kan kies vir "mag" en "beheer" oor die situasie en as 'n oorwinnaar daar uitstap! (Outoriteit).
Jy kan kies om jou situasie te herskep.
Jy kan oorwinning kies en jouself herontdek en weet ... wie jy gemaak is om te wees en dan sal jy die waarde van lewe geniet!

Deuteronomium 30:19 "Vandag gee ek aan jou die keuse tussen lewe en dood, tussen seën en vloek. Ek roep die hemel en die aarde as getuies vir die keuse wat jy gaan maak. Mag jy tog die lewe kies sodat jy en jou nageslag mag lewe!

Jy kan die probleem sien as 'n uitdaging of jy kan oorweldig voel deur die probleem en dan 'n slagoffer van jou situasie bly! *(Victim mentality)* of jy kan die probleem/situasie as 'n geleentheid sien om te groei! **(Victorious Mentality.)**

Die dag as jy besef dat jy op die verloor pad is, 'n pad wat na nêrens heen lei nie, en jy is vas in 'n doodloop straat ... is dit tyd vir ernstige besinning.
Geloof so groot soos 'n mosterdsaadjie, dit kan uitdagings so groot soos berge verskuif!
Onthou dit gaan nie oor hoeveel geloof ek in myself het nie, maar hoeveel geloof ek in God het!

Verskuif jou fokus - van rigting!

Psalm 23
Die Here is my herder
1'n Psalm van Dawid.
Die Here is my herder, ek kom niks kort nie.
2Hy laat my rus in groen weivelde.
Hy bring my by waters waar daar vrede is.
3Hy gee my nuwe krag.
Hy lei my op die regte paaie
tot die eer van Sy Naam.
4Selfs al gaan ek deur donker dieptes,
sal ek nie bang wees nie,
want U is by my.
In u hande is ek veilig.
5U laat my by 'n feesmaal aansit,
terwyl my teëstanders moet toekyk.
U ontvang my soos 'n eregas,
ek word oorlaai met hartlikheid.
6U goedheid en liefde sal my lewe lank by my bly en ek
sal tuis wees in die huis van die Here
tot in lengte van dae.

Dalk is 'n lewensiklus van groei en snoei 'n oproep om wakker te word!! Die lewe is net te kort om ongelukkig te wees en jou ware potensiaal te mis!

Jesaja 42:'n Geknakte riet sal hy nie afbreek nie,
'n lamppit wat dof brand, sal hy nie uitdoof nie.
Hy sal my wil bekend maak soos dit is.

Die keuse wat jy vandag maak ... sal jou opsies en geleenthede in die toekom beïnvloed!

*Keuses kan maak of breek
*Keuses bepaal jou toekoms
*Keuses bepaal jou ewigheid

Ons is nie 'n produk van ons omstandighede of situasie nie, ons is 'n produk van God se genade!

Spreuke 5:9 dat jy nie jou mooiste jare verspil nie, jou beste jare aan 'n hartelose mens gee nie,

Oor begin - nuut begin, is net die aanhou stap op 'n nuwe onbekende pad, op 'n ander manier en in 'n ander rigting!

Hallo, Mev. Noag

Baie wonder en vra oor wie en wat Mev. Noag nou eintlik is en waar kom sy vandaan...

Mev. Noag is gebore uit 'n plek waar wanhoop, vrees en ongeloof oornag 'n groot werklikheid geword het.

'n Wêreld pandemie wat soveel vrae en vrese onbeantwoord gelaat het.

Mev. Noag se lewe was baie moeiliker as wat mense soms besef het.

Om 'n vrou soos mev. Noag te vind, is soos om 'n diamant te vind. Jy kan net nie van haar vergeet nie. Haar lewe was moeiliker as wat ons besef, maar sy het gekies en haar hartseer in skoonheid te verander en haar seer in sterkte.
Onbreekbaar, nederig en lojaal.

Sy is die tipe vroue wat jou naam sal onthou en daar sal wees deur elke geveg. Sy sugarcoat nie haar stories nie en loop nie draai nie. Sy sal eerder opreg eerlik wees as vals met mooi woorde.

Mev. Noag 'n vrou wat jy nooit sal vergeet nie!

Mev. Noag se storie is ons storie - net in 'n ander Ark.

Mev. Noag is op reis met haar roekelose geloof, in die
min en die bietjie met die wete dat wat sy in haar hand
het, vir God meer as genoeg is.

145

Dit is klaar!

Wanneer my arms moeg en my siel
gehawend is,
toe die lewe van my gesteel het,
en my asemloos gelaat het met sy
brutaliteit.
Stort Hy Sy genade in die lewe van 'n
storm gehawende siel.

147

Vir enige navrae of besprekings kontak gerus Tilla Enslin by 083 739 8986